Wenn das Jahr zu Ende geht

Geschichten und Gedichte zu
Weihnachten, Winter, Jahreswechsel

von
Esther Wäcken

Titelbild: Günther Herzog

Herstellung und Verlag:
BoD - Books on Demand, Norderstedt
ISBN 978-3-7431-0323-8

Weihnachten 1971

Weihnachtsgedanken 1983

Der Winterwald, er glitzert weiß
wie tausend Sterne.
Schneeflocken tanzen Reigen leis,
der Mond scheint überm Berge.
Im Eise ist der See erstarrt,
in der Tiefe schlafen die Fische.
Hungrig das Wild im Schnee jetzt scharrt,
träumt vom gedeckten Tische.

In den Stuben der Menschen steht der Weihnachtsbaum,
mit Äpfeln und Nüssen geschmückt,
wundervoll anzuschaun,
ein jedes Menschenherz beglückt.

Aus der Weihnachtsstube tönt Gesang,
zu ehren diese heilige Nacht.
Mit wundervollem, frischen Klang
er alle Menschen fröhlich macht.
Das Christkind ist mit seinem Segen
am Weihnachtstag auf allen Wegen.

Das Weihnachtskind
(2006)

Am Spätnachmittag waren Maria und Josef in ihrem Kombi auf dem Weg nach Hause. Schon den ganzen Tag herrschte dichtes Schneegestöber. Kaum gelang es den Räumdiensten, welche unermüdlich im Einsatz waren, wenigstens die Hauptstraßen einigermaßen frei zu halten. Auf den Seitenstraßen mussten die Autofahrer zusehen, wie sie zurechtkamen. Ein heftiger Wind wirbelte die Schneeflocken fast waagerecht über die Straße. Anfang Dezember, Weihnachten stand vor der Tür. Doch Maria und Josef war alles andere als weihnachtlich zumute.

Angefangen hatte alles mit einer Fehlgeburt, die Maria erlitten hatte. Nach gründlicher Untersuchung hatte der Arzt gemeint, Maria würde niemals Kinder bekommen können. Das mochten Maria und Josef nicht einfach so akzeptieren. Sie wünschten sich doch so sehr ein Kind. Ach was, ein Kind! Eine ganze Kinderschar, die fröhlich durch das erst kürzlich erworbene Häuschen und den riesigen Garten tobte. Und jetzt diese niederschmetternde Diagnose! Weitere Ärzte wurden aufgesucht, sie wollten sich nicht nur auf eine Meinung verlassen. Sie recherchierten im Internet, tauschten sich mit anderen Betroffenen aus. Schöpften neue Hoffnung, nur um wieder enttäuscht zu werden. Heute hatten sie erneut einen Spezialisten aufgesucht, dessen Adresse sie im Internet gefunden hatten. Doch auch dieser konnte nichts anderes tun, als letztlich zu bestätigen, was vor ihm schon ungezählte Kollegen gesagt hatten.

Fast war Josef dankbar für das Wetter, welches ihn dazu zwang, konzentriert durch die Windschutzscheibe auf die rutschige Straße zu starren, seine volle Aufmerksamkeit dem Fahren zu widmen. So blieb es ihm erspart, in das unglückliche, tränenfeuchte Gesicht seiner Frau zu sehen.

„Warum adoptiert ihr nicht einfach ein Kind?", hatte seine Mutter kürzlich vorgeschlagen. Nein, mit diesem Gedanken konnten sich die beiden nicht anfreunden. Was war ein adoptiertes Kind verglichen mit dem Erlebnis eines positiven Schwangerschaftstests, des ersten Ultraschallbilds, der ersten Bewegungen im Mutterleib und schließlich der Geburt selbst? Zu sehr hatten sie beide sich das gewünscht!

Undeutlich bemerkte Josef eine kleine Gestalt, die am Straßenrand entlang wankte, mehrmals zu stürzen drohte. „Anscheinend ein Betrunkener, der seinen vorweihnachtlichen Frust in zu viel Glühwein ertränkt hat", dachte Josef. Kurz bevor Josef mit dem vermeintlich Betrunkenen auf gleicher Höhe war stürzte dieser tatsächlich mitten auf die Straße. Reflexartig legte Josef eine Vollbremsung hin, die den Wagen bedenklich ins Schlingern brachte, Winterreifen hin, ABS her. Trotzdem gelang es Josef mit Müh und Not, den Wagen unter Kontrolle zu halten und er kam tatsächlich kurz vor dem Gestürzten zum Stehen. Beinahe gleichzeitig sprangen Maria und Josef aus dem Wagen, hin zu der auf der Straße liegenden Gestalt. Wie überrascht waren jedoch beide, dass es sich um ein junges Mädchen handelte. Abgemagert, durchnässt und vor Kälte zitternd, kaum noch bei Bewusstsein. Und Maria fiel es zuerst auf: „Das Mädchen ist hochschwanger!", rief sie bestürzt, „Wir müssen sie sofort ins Krankenhaus bringen. Vorsichtig bugsierten sie das Mädchen auf den Rücksitz, hüllten es in warme Decken, welche sie stets im Auto mit sich führten. Maria setzte sich ebenfalls nach hinten, bettete den Kopf des Mädchens in ihren Schoß. Matt und kraftlos lag sie da, die Augen geschlossen, nur hin und wieder leicht aufstöhnend. Josef fuhr so schnell und vorsichtig wie möglich ins Krankenhaus.

In der Notaufnahme war der Teufel los. Die Straßenverhältnisse hatten ihren Tribut gefordert, es war zu etlichen, mehr oder weniger dramatischen Unfällen gekommen. Trotzdem fand sich angesichts des Zustands, in dem sich das Mädchen befand, schnell ein überarbeiteter, abgehetzter Notarzt, der sich um sie kümmerte.

„Sofort in der Kreißsaal mit ihr!", ordnete er an. Das Mädchen war inzwischen wieder bei Bewusstsein. Aus großen, dunklen Augen sah es Maria an, die unsicher neben ihr stand.

„Bitte lass mich nicht allein", stammelte es leise, hielt dabei mit erstaunlicher Kraft Marias Hand fest.

Fragend schaute Maria zu Josef hinüber. Es war eine merkwürdige Situation. Sie beide kannten dieses Mädchen nicht, hatten dem Krankenhauspersonal nicht mal einen Namen angeben können, als sie das Mädchen ablieferten. Dennoch mochten sie ihren Schützling nicht einfach sich selbst überlassen.

„Wenn die Ärzte nichts dagegen haben, dann solltest du, sollten wir ...", begann Josef unsicher. Für weitere Überlegungen blieb keine Zeit, da das Mädchen von einer Krankenschwester im Eiltempo in den

Kreißsaal gebracht wurde. Ganz selbstverständlich blieb Maria bei ihr, während Josef draußen auf dem Flur wartete.

In den nächsten Stunden erlebte Maria all das mit, was sie selbst so niemals haben würde. Sie unterstützte die werdende Mutter. Staunte darüber, mit welcher Kraft und Ausdauer dieses zarte, ausgemergelte Wesen sich tapfer durch die Wehen kämpfte, bis endlich der erste Schrei des Neugeborenen zu hören war. Ein kleiner Junge, erstaunlich groß und kräftig angesichts seiner geschwächten Mutter. Nachdem alles überstanden war, fiel das Mädchen wieder in eine Art Bewusstlosigkeit, während Maria der Hebamme dabei half, das Baby zu baden, zu wickeln und anzuziehen. Widersprüchliche Gefühle brandeten dabei in ihr auf. Sie war unendlich glücklich und dankbar, an diesem Erlebnis teilhaben zu dürfen. Gleichzeitig war da eine erdrückende Traurigkeit, fast schon Wut, dass sie selbst nie, niemals das gleiche erleben durfte.

Maria blieb an der Seite der jungen Mutter, bis diese mit ihrem Kind auf ihr Zimmer gebracht wurde.

„Morgen komme ich wieder, versprochen", sagte sie zum Abschied, strich dem Mädchen über das wirre, verschwitzte Haar, warf einen letzten Blick auf das schlafende Baby und ging leise hinaus.

Josef sagte gar nichts, nahm seine Frau einfach nur fest in den Arm. Schweigend gingen sie schließlich zum Auto zurück, um nach Hause zu fahren. Dort endlich brach alles aus Maria heraus, ihre Erlebnisse im Kreißsaal, ihre Empfindungen dabei.

„Morgen fahren wir wieder ins Krankenhaus, das habe ich versprochen. Ich muss unbedingt erfahren, wer die Kleine ist und warum sie sich hochschwanger bei Nacht und Kälte allein draußen herum treibt."

„Ja, wir sollten uns auf jeden Fall um sie kümmern. Scheint ja so, als ob sie sonst niemanden hätten", stimmte Josef zu.

An Schlaf war noch lange nicht zu denken, dazu waren beide viel zu aufgewühlt. Kaum konnte es Maria erwarten, Mutter und Kind am nächsten Morgen wieder zu sehen, endlich mehr über ihr Schicksal zu erfahren. Dennoch zögerte sie kurz, als sie schließlich vor der Tür zum Krankenzimmer stand. Vom Anblick ihres Schützlings war sie jedoch angenehm überrascht. Mit Hilfe einer Krankenschwester hatte sich das Mädchen inzwischen gewaschen und gekämmt, sich – wie Maria kurz darauf erfuhr – nach langer Zeit endlich wieder richtig satt gegessen. Ihr gestern noch so blasses Gesicht hatte etwas Farbe bekommen. Das Baby lag in ihrem Arm, friedlich mit geschlossenen Augen an ihrer Brust nuckelnd. Leise trat Maria an das Bett heran während Josef unsicher an der Tür stehen blieb.

Das Mädchen schaute auf, begann zu strahlen. „Danke!", sagte es nur.

„Aber nicht doch! Wofür denn?", wehrte Maria ab.

„Ohne euch wären wir jetzt vielleicht beide tot. Lange hätte ich nicht mehr durchgehalten."

„Warum warst du denn überhaupt unterwegs, in deinem Zustand, bei dem Wetter?"

„Ich lebe schon lange auf der Straße, genau genommen, seit ich weiß, dass ich schwanger bin und schließlich meinen Zustand nicht mehr verbergen konnte. Meine Eltern sind streng, sehr streng. Mein Vater, der hätte mich totgeschlagen, wenn seine 15-jährige Tochter mit einem unehelichen Kind ankommt. Und der Vater meines Kindes…", sie brach ab, es dauerte einige Zeit, bis sie weiter sprechen konnte, „Der sagte mir nur: Dein Problem, wenn du so blöd bist, dich vögeln zu lassen ohne zu verhüten. Glaub ja nicht, dass ich für deinen Bastard aufkommen werde."

Tränen liefen über ihr Gesicht, ihr Schluchzen ließ den schmalen Körper erbeben.

„Ich bin dann abgehauen, hab nur das Nötigste mitgenommen. Überlebt hab ich mit Betteln und schließlich auch mit Klauen. Ich bin nirgendwo lange geblieben, war ständig unterwegs aus Angst, dass mein Vater mich findet. Wie es jetzt weitergehen soll, das weiß ich nicht. Ich bin nur froh, dass mit dem Baby alles in Ordnung ist."

„Wie heißt du überhaupt?"

„Marina."

Unwillkürlich schnappte Maria nach Luft. Abgesehen von einem zusätzlichen N ganz genau *ihr* Name. Sollte das Zufall sein? Zum ersten Mal meldete Josef sich zu Wort.

„Maria und Marina, wenn das nicht zusammen passt. Ich weiß ja nicht, wie ihr das seht, aber ich denke, Marina und ihr Baby können zunächst mal bei uns unterkommen, wenn sie aus dem Krankenhaus entlassen werden. Und wie hast du den Kleinen genannt?", fragte er, das Baby fasziniert betrachtend.

„Christopher heißt er. Und ihr meint, wir können wirklich bei euch wohnen?"

„Fragt sich nur, ob das Jugendamt da nicht auch noch ein Wörtchen mitzureden hat. Immerhin bist du erst 15."

„Oh, hoffentlich ist das möglich. Ihr habt euch so lieb um mich, um uns beide gekümmert. Wenn doch nur meine Eltern genau so wären."

Später draußen im Krankenhausflur fragte Maria: „Ob das wohl möglich ist, dass wir die beiden als Pflegekinder bei uns aufnehmen?"

„Ich weiß es nicht, wie die Behördenwege da sind, welchen Vorschriften und Gesetze beachtet werden müssen. Aber wir sollten es unbedingt versuchen."

„Vielleicht ist das unsere Bestimmung, unsere Kinder auf diese Art zu bekommen, wenn es uns schon nicht möglich ist, eigene Kinder zu kriegen."

„Dann wäre es somit unser ganz privates, vorweihnachtliches Wunder."

Heiligabend. Maria und Josef hatten sich alle Mühe gegeben, die Wohnung liebevoll weihnachtlich zu schmücken, einen prächtigen Weihnachtsbaum aufzustellen, ja, und nicht zuletzt ein gemütliches Zimmer für Marina und den kleinen Christopher herzurichten. Leicht war es nicht gewesen, die Behörden zu überzeugen, die Pflegschaft für Marina und ihr Baby zu bekommen. Aber jetzt, friedlich und gemütlich vereint in der Weihnachtsstube, waren sich alle Mitglieder dieser auf so denkwürdige Weise zusammen gekommenen Familie einig, dass sich niemand ein schöneres Weihnachtsgeschenk wünschen konnte.

Oh Tannenbaum, etwas anders

Oh Tannenbaum, oh Tannenbaum,
du liegst in meinem Kofferraum.
Jetzt bring ich dich ganz schnell nach Haus,
du siehst so grün und prächtig aus.
Oh Tannenbaum, oh Tannenbaum,
du liegst in meinem Kofferraum.

Oh Tannenbaum, oh Tannenbaum,
ich stell dich in die Stube rein.
Geschmückt sollst du jetzt festlich sein,
Lametta, Kugeln, Kerzenschein.
Oh Tannenbaum, oh Tannenbaum,
ich stell dich in die Stube rein.

Oh Tannenbaum, oh Tannenbaum,
jetzt leg ich die Geschenke drunter.
Verwandte, Freunde kommen munter,
das Treiben wird jetzt immer bunter.
Oh Tannenbaum, oh Tannenbaum,
jetzt leg ich die Geschenke drunter.

Oh Tannenbaum, oh Tannenbaum,
vorbei sind alle Weihnachtswonnen.
Der Schmuck wird wieder abgenommen,
die Bäume komm' in Biotonnen.
Oh Tannenbaum, oh Tannenbaum,
vorbei sind alle Weihnachtswonnen.

Kleiner, großer Bruder
(2007)

Es gibt ein Weihnachtsfest, welches ich bestimmt in meinem ganzen Leben nicht vergessen werde. Damals war ich gerade mal 14 Jahre alt und stand wie jedes Jahr zur Vorweihnachtszeit vor der Frage, was ich mir wünschen sollte. So viel gab es da gar nicht, was mein Herz begehrte. Vielleicht das eine oder andere interessante Buch. Ein eigenes Pferd, nein, dieser Wunsch war unerschwinglich und vollkommen unrealistisch. Aber tatsächlich gab es nur eines, was ich mir wirklich wünschte und zwar von ganzem Herzen. Ich habe zwei ältere Schwestern, keine Frage, wir lieben uns, wie Schwestern sich nur lieben können und dennoch, mein Leben lang wollte ich immer nur eines, einen großen Bruder! Auch dieser Wunsch schien unrealistisch, gehörte ins Reich der Träume. Wo sollte der herkommen, der große Bruder. Ich war nun mal die Jüngste von drei Mädchen. Wenn überhaupt, dann hätte es ein kleiner Bruder werden können. Aber nicht nur, dass meine Mutter damals wohl schon über das Alter hinaus war, wo es mit dem Babys kriegen noch hätte klappen können, ich habe auch mal eine Bemerkung aufgeschnappt, dass sie sich eine Schwangerschaft nicht noch mal zumuten würde. Und dennoch nahmen meine Eltern meinen Wunsch nach einem Bruder ernst, sehr ernst sogar.

Heute denke ich, dass es doch recht kompliziert gewesen sein muss, der ganze Behördenkram. Wie haben sie das alles bloß vor mir geheim gehalten? Aber ich ahnte nicht mal im Entferntesten etwas, bis zum Heiligen Abend. Es gehörte zum Standartprogramm, dass unsere Familie vor der Bescherung jedes Mal noch einen ausgiebigen Spaziergang machte, dann wurde gemütlich Kaffee getrunken mit selbst gebackenen Plätzchen und Stollen während am Weihnachtsbaum bereits die Lichter brannten. Danach wurden Weihnachtslieder gesungen, die ich – zugegeben widerwillig – am Klavier begleitete. Dann, endlich, die Bescherung. So würde es wohl auch in diesem Jahr ablaufen, dachte ich. Wir mummelten uns warm ein in unsere Mäntel, Schals, Mützen, Handschuhe und Stiefel, stapften hinaus in den Schnee, der unter unseren Füßen knirschte. Ich fand es jedes Mal herrlich, in der noch unberührten Schneedecke die allerersten Spuren zu hinterlassen. Dort, wo schon so viele entlang getrampelt sind, macht es nur halb so viel Spaß. Wohin meine Eltern dann jedoch strebten verwunderte mich sehr. Dieser Weg führte weitab von allen Wegen, die wir üblicher Weise entlang zu spazieren pflegten. Obwohl unser Städtchen nicht groß ist, diesen Ortsteil, in welchem wir jetzt ankamen, kannte ich noch nicht. Fragend schaute ich meine Schwestern an, doch auch diese wussten entweder nicht, weshalb wir ausgerechnet hier entlang gingen oder sie wollten es mir nicht verraten. Schließlich steuerten meine Eltern auf den Eingang eines Hauses zu, welches Ähnlichkeit mit einem nicht allzu großen, alten Schulgebäude hatte. Neben der Eingangstür war ein Schild angebracht, auf welchem ich beim flüchtigen Hinsehen die Worte Kinder- und Jugendheim erfasste. Was hatten wir hier verloren? Mein Vater schellte und kurz darauf öffnete eine sehr streng und resolut wirkende Dame, der meine Eltern offensichtlich nicht unbekannt waren, denn sie begrüßte sie mit Namen, hatte sie ganz offensichtlich erwartet. Mehrere Kinder drückten sich scheu im Hintergrund herum und von innen wirkte das Gebäude mehr denn je wie eine Schule, erinnerte mich unangenehm daran, dass die Weihnachtsferien auch nur zu schnell wieder vergangen sein würden.

Wir wurden in ein Zimmer geführt, welches wohl für Besucher dieser Einrichtung gedacht war. Es folgte ein sehr förmliches Vorstellen meiner Schwestern und mir und dann, dann...

Dann sagte die gestreng wirkende Dame doch tatsächlich zu mir: „Und, freust du dich schon auf dein Brüderchen?"

Brüderchen? Ich schluckte! Was passierte hier gerade? Fragend und unsicher schaute ich zu meinen Eltern, meinen Schwestern und bemerkte ein eigentümliches Lächeln auf allen Gesichtern, was wohl nur eins bedeuten konnte. Sie freuten sich geradezu diebisch darüber, dass ich hier komplett ahnungslos dastand und als einzige keinen blassen Schimmer gehabt hatte.

„Na, dann komm mal mit", forderte mich die Dame auf, die, wie ich inzwischen wusste, Frau Everding hieß. Nicht nur ich folgte ihr in das benachbarte Zimmer, in welchem ein einfaches Babybettchen stand, so wie die auf den Säuglingsstationen der Krankenhäuser. Und dort drin lag ein friedlich schlummerndes Baby. „Das ist Niki", stellte Frau Everding vor. „Er ist gerade mal drei Monate alt. Deine Eltern haben ihn adoptiert und ihr werdet ihn heute mit zu euch nach Hause in eure Familie nehmen, weil", jetzt brachte sie tatsächlich ein Lächeln zustande, „du dir doch so sehr einen Bruder gewünscht hast."

Ich war zunächst so überwältigt, dass mir einfach die Worte fehlten. Gerührt betrachtete ich Niki und in mir jubelte es: „Ich hab einen Bruder! Endlich hab ich einen Bruder!" Doch dann drängte sich mir eine Frage auf: „Aber was ist mit Nikis richtigen Eltern? Warum ist er nicht bei ihnen? Es kann doch nicht sein, dass jemand ein so süßes Baby einfach nicht mehr haben will!"

„Weißt du", begann Frau Everding zu erklären, „manchmal gibt es einfach traurige, ungünstige Umstände. Dann kann ein Kind nicht bei seinen leiblichen Eltern bleiben. Zum Beispiel, wenn die Mutter selbst noch fast ein Kind ist, wenn die Familie total zerrüttet ist und sich dort niemand vernünftig um ein Kind kümmern kann, oder … wenn die Eltern gestorben sind."

„Und Nikis richtige Eltern sind … gestorben?"

„Es tut mir leid, aber darüber dürfen wir keine Auskünfte geben. Sieh nur, er wacht auf!"

Schlagartig wandten wir alle unsere Aufmerksamkeit wieder Niki zu. „Willst du ihn mal auf den Arm nehmen?", fragte Frau Everding. Plötzlich hatte ich Angst! Der kleine Kerl wirkte so winzig und zerbrechlich. Wenn ich nun etwas an ihm kaputt machte! Aber ich würde mich ja daran gewöhnen müssen, mit ihm umzugehen, also nickte ich tapfer. Behutsam nahm Frau Everding meinen Bruder aus seinem Bettchen, legte ihn in meinen Arm, zeigte mir, wie ich das

Köpfchen richtig stützen musste. Und dann lag er da, so leicht, warm, winzig und weich, schaute mich mit seinen babyblauen Augen an, patschte mit winzigen Fingerchen nach meinem Gesicht, gab glucksende Laute von sich. So verzückt wie in diesem Moment war ich wohl noch nie in meinem Leben. Nicht mal dann, wenn ich vor einer Pferdeweide stand und davon träumte, es wären meine Pferde, die dort grasten oder wenn ich auf dem Schulhof heimlich meine erste, große, unerwiderte Liebe anschmachtete. Ich war ganz und gar in den Anblick von Niki vertieft, bekam nichts von dem mit, was meine Eltern noch mit Frau Everding besprachen, wurde fast eifersüchtig, als meine großen Schwestern ihren neuen kleinen Bruder nun auch mal richtig begrüßen wollten. Ehrlich, es gab mir einen richtigen Stich ins Herz, als ich Niki zunächst wieder hergeben musste, damit er noch eine frische Windel und ein Fläschchen bekommen konnte, bevor wir uns mit ihm auf den Weg nach Hause machten. Obwohl ich von Babypflege noch absolut keine Ahnung hatte, überwachte ich das Geschehen mit Argusaugen. Niki wurde schließlich ein warmer, kuscheliger Strampler mit Kapuze angezogen, in welchem er fast verschwand. Er wurde in einen Kinderwagen gebettet, um und um in warme Decken gehüllt, Plastikverdeck noch darüber, damit der Schneefall ja nicht die Decken durchweichen konnte. Jetzt war wirklich nichts mehr von ihm zu sehen unter all den Hüllen und stolz wie Oskar schob ich meinen kleinen Bruder zur Tür hinaus. Ja, das war doch ganz was anderes als in früheren Zeiten einen Puppenwagen zu schieben. Immer und immer wieder blieb ich stehen, beugte mich weit in den Kinderwagen hinein um mich zu überzeugen, das Niki auch ganz wirklich noch da war, inzwischen wieder satt und zufrieden mit sauberer Windel am schlummern.

Auf dem Rückweg nach Hause schwebte ich fast über dem Boden vor lauter Glück. Sagen konnte ich nichts, aber mein Gesicht muss ein einziges Strahlen gewesen sein. In Gedanken nannte ich Niki mein Christkind. Vor unserem Haus dann – zumindest für mich – die nächste Überraschung. Dort stand ein Auto mit HB-Kennzeichen! Onkel und Tante waren in der Zwischenzeit eingetroffen, hatte in unserer Abwesenheit schon mal das Babybettchen aufgebaut und die Wickelkommode, alles Verrichtungen, die meine Eltern vorher ja nicht machen konnten, ohne die Überraschung für mich zu verderben. Auch der Kaffeetisch war bereits von meiner Tante gedeckt. Jetzt wurde es erst mal turbulent. Allgemeine Begrüßung und natürlich wollten auch Onkel und Tante ihren neuen Neffen kennen lernen. Ich gab mir alle Mühe, das immer wieder aufkeimende Gefühl von Eifersucht zu unterdrücken. Klar war Niki *mein* Bruder, aber nicht mein Privateigentum. Er war schließlich ebenso der Bruder meiner Schwestern, der Sohn meiner Eltern, der Neffe meiner Tante und meines Onkels. Alle anderen hatte das gleiche Recht wie ich, ihn auf den Arm zu nehmen, mit ihm zu schmusen. Niki schaute staunend mit großen Augen den leuchtenden Baum an, versuchte, Kugeln und Lametta zu fassen zu kriegen. Und ich hatte vor lauter Aufregung nicht mal richtig Appetit auf Kekse und Kuchen. Selbst die bunten Päckchen unter dem Baum reizten mich in diesem Jahr nicht. Das wichtigste Geschenk von allen hatte ich ja bereits. Meine Eltern mussten mich fast dazu überreden, meine Geschenke schließlich doch auszupacken. Sorgfältig zupfte ich die Schleifen auf, entfaltete das Papier. Zum Vorschein kamen Jugendromane um Mädchen und ihre Pferde. Zu jeder anderen Zeit hätte ich diese Bücher so lange nicht aus der Hand gelegt bis ich sie von vorn bis hinten durchgelesen hätte. Aber in diesem Jahr zählte nur eins, Niki!

Während ich bisher stets nur unwillig im Haushalt mit angepackt hatte, eben weil es einfach so war, dass wir Mädchen der Mutter zu helfen hatten, war ich ganz wild auf alles, was mit Niki zu tun hatte. Meine Schwestern hatten diesbezüglich schon einen Vorsprung, hatten sie ja alles rund um Babypflege bereits bei mir, der Nachzüglerin, erlebt. Aber ich lernte schnell, konnte es bald genau so gut wie Mutter und Schwestern, wickeln, baden, wiegen, anziehen, Fläschchen zubereiten. Und ich entwickelte einen sechsten Sinn für Nikis Bedürfnisse, wusste besser und früher als alle anderen, was er wollte, wann sich bei ihm eine Krankheit anbahnte. Wir beide hatten vom ersten Augenblick an eine besondere, tiefe Verbindung zueinander, die uns bis heute erhalten geblieben ist.

Auch wenn wir später, bedingt durch die Entwicklungen in unserem Berufs- und Privatleben, nicht all die vielen Jahre wirklich gemeinsam verbringen konnten, uns oft lange Zeit nur hin und wieder sporadisch sahen, der Heilige Abend ist und bleibt *unser* Abend. Auch in diesem Jahr, 25 Jahre nach jenem denkwürdigen Ereignis, welches Niki in unsere Familie brachte, wird er Weihnachten wieder bei mir und meiner Familie zu Besuch sein. Inzwischen muss ich zu ihm aufsehen, meinem kleinen, großen Bruder, der mich um Haupteslängen überragt. Aber ich sehe gern zu ihm auf, denn er hat sich zu einem wunderbaren, jungen Mann entwickelt den ich liebe wie am ersten Tag.

Sven und Christiane
(2007)

Ein Wunsch wurde geboren, tief im Herzen von Sven, und flog hinaus in die Welt, um Erfüllung zu finden. Der Wunsch hatte Glück und traf auf einen Engel der guten Wünsche. Diese Engel haben jetzt, zur Weihnachtszeit, besonders viel zu tun. So viele Wünsche, kleine, große und ganz große, die durch die Gegend fliegen und darauf hoffen, erfüllt zu werden. Die Engel haben viel damit zu tun, all die Wünsche einzufangen und auf ihre Erfüllbarkeit zu überprüfen. Der Wunsch von Sven traf auf einen besonders eifrigen Engel. Dieser betrachtete den Wunsch genau und befand ihn für gut.

„Ich wünsche mir, dass Christiane mich liebt, mir vertraut, dass sie meine Frau wird, Weihnachten mit mir verbringt und den Rest meines Lebens."

„Das ist ein sehr guter Wunsch", dachte der Engel. „Ich werde sehen, ob ich ihn erfüllen kann."

Zunächst suchte der Engel Sven auf und schaute ihm direkt in sein Herz. Die Bilder, die er dort sah, stimmten ihn sehr fröhlich. Sven und Christiane, ein wunderschönes, glückliches Paar, welches Hand in Hand über den Weihnachtsmarkt schlenderte, gemeinsam die Geschäfte nach passenden Weihnachtsgeschenken durchstöberte, später zusammen auf den Sofa kuschelte, ausgiebig miteinander über alles redete. Sven, der seiner Christiane jeden Wunsch von den Augen ablas, sie auf Händen trug.

„So stellt er es sich also vor, das Leben mit seiner Christiane", dachte der Engel. „Das ist gut, das ist sehr schön. Ich werde ihm diesen Wunsch gern erfüllen. Aber zuerst muss ich nachsehen, wie es im Herzen von Christiane aussieht, ob auch sie diesen Wunsch hegt."

So machte sich der Engel auf den Weg zu Christiane, schaute auch in ihr Herz. Was er dort sah stimmte ihn zunächst sehr traurig. Verletzung und Enttäuschung sah er da, zugefügt vor langer Zeit und nie überwunden. Aber der Engel sah auch den Wunsch nach Liebe, Geborgenheit, nach einem Menschen, dem sie vertrauen konnte.

„Das passt doch perfekt", freute sich der Engel. „Genau so werde ich den Wunsch erfüllen!"

Der Engel begann, ein zartes Band zwischen den Herzen von Sven und Christiane zu knüpfen, welches sie für immer miteinander verbinden und zueinander finden lassen sollte. Jetzt liegt es an den beiden, dieses Band in Zukunft immer stärker zu knüpfen.

Ich wollte, ich wäre dieser Engel gewesen!

Ein besonderer Weihnachtswunsch
(2008)

Immer wieder zur Weihnachtszeit wurde Theres ihre Einsamkeit bewusst. Während andere Leute im Familienkreis feierten, hatte sie niemanden, für den sie wichtig war, den sie besuchen konnte oder der sie besuchte. So hatte sie es sich angewöhnt, an Heiligabend zum Denkmal hinauf zu fahren, dort oben spazieren zu gehen und die Aussicht auf festlich beleuchtete Straßen und Häuser zu genießen. So auch in diesem Jahr. Es war bereits dunkel, als sie die steile, gewundene, vom Schneematsch rutschige Straße bewältigte, ihr Auto auf dem Parkplatz abstellte, der heute einsamer denn je war, ihren Weg zu Fuß fortsetzte. Ihr Atem bildete Dampfwölkchen, die Hände hatte sie tief in den Jackentaschen vergraben, Schnee knirschte unter ihren Schuhen.

Einsam lehnte sie schließlich am Geländer der Aussichtsplattform. Stille, bis auf das nach und nach einsetzende Glockengeläut und ein gelegentliches Ploff, mit dem der Schnee von den Ästen fiel. Lange stand Theres da, die Ruhe genießend, bis sie undeutlich ein Geräusch vernahm. Was war das gewesen? Es klang wie ein leises Weinen. Theres spitzte die Ohren, versuchte heraus zu finden, woher das Geräusch kam. Vorsichtig bewegte sie sich auf das Denkmal zu. Das Weinen war jetzt deutlicher zu vernehmen. Und richtig, dort, im Schatten einer der großen Säulen saß ein Kind, ein Junge von höchstens zehn Jahren. Zusammengekauert, die Arme um die hochgezogenen Knie geschlungen, den Kopf darauf gebettet. Behutsam um ihn nicht zu erschrecken legte sie ihm die Hand auf die Schulter.

„Junge, was tust du denn hier draußen, bei dieser Kälte, ganz allein an Heiligabend?"

Der Junge schaute sie aus verweinten Augen an. Erst konnte er vor Schluchzen kein verständliches Wort heraus bringen, weshalb Theres die Initiative übernahm.

„Na komm, mein Junge, ganz egal, was dir passiert ist, ich lasse dich auf keinen Fall alleine hier. Du bist ja schon ganz durchgefroren. Ich habe mein Auto unten auf dem Parkplatz. Du kannst mir vertrauen. Ich nehme dich jetzt mit zu mir nach Hause und dann kannst du in aller Ruhe erzählen, was los ist. Bei einer schönen, heißen Tasse Kakao und Keksen."

Zögernd ergriff der Junge ihre Hand, erhob sich steifbeinig, trottete mit gesenktem Kopf neben Theres her. Mit leiser Stimme sagte er plötzlich: „Ich will doch nur, dass meine Eltern sich wieder vertragen, jetzt an Weihnachten."

Dann brach es aus ihm heraus. Dass seine Eltern sich getrennt hatten, ausgerechnet kurz vor Weihnachten. Dass sie von ihm verlangten, er solle sich entscheiden, bei wem von ihnen er das Fest verbringen wolle. Aber sein einziger und sehnlichster Wunsch sei doch nur, dass Weihnachten als Familie gefeiert werden solle, ohne den ständigen Streit der letzten Zeit, dass die Eltern sich wieder versöhnten und er sie beide wieder hatte. Nun, da dies aussichtslos schien, sei er einfach weggelaufen, hierher zum Denkmal, wohin sie früher oft gefahren waren, als Familie, zum Wandern und Picknicken.

Schmerzlich dachte Theres an ihre eigene Trennung, damals von ihrem Lebensgefährten. Auch diese hatte kurz vor Weihnachten stattgefunden. Nur waren in ihrem Fall keine Kinder davon betroffen gewesen. Lediglich Theres Vertrauen in zwischenmenschliche Beziehungen hatte einen irreparablen Knacks bekommen. Seitdem zog sie das Alleinsein vor, obgleich sie sehr darunter litt.

Inzwischen waren Theres und ihr Schützling am Auto angekommen. Während sie aufschloss sagte sie: „Ich bin übrigens Theres und wie heißt du?"

„Michael"

„Also, Michael, ich bin sicher, dass deine Eltern in großer Sorge um dich sind. Ich finde, du solltest mir sagen, wo sie wohnen und ich bringe dich dort vorbei."

Unsicher schaute Michael sie an. „Wenn schon, dann will ich zu meinem Vater." Zögernd nannte er die Adresse.

Währenddessen befanden sich Michaels Eltern in heller Aufregung. Der Junge war verschwunden. Jegliches Herumtelefonieren im Familien- und Bekanntenkreis hatte sich als ergebnislos erwiesen. Nirgendwo war der Junge aufgetaucht. Zuerst hatten sich die Eltern gegenseitig erbitterte Vorwürfe gemacht, dass der jeweils andere nicht mal in der Lage sei, auf das eigene Kind aufzupassen. Die Vorwürfe waren in Anschweigen, das Anschweigen schließlich in gemeinsames Weinen übergegangen. Zum ersten Mal seit der Trennung nahm Niko seine Frau Melinda wieder tröstend in den Arm.

„Es tut mir Leid, dass ich dir vorgeworfen hab, nicht auf Michi aufgepasst zu haben."

„Und mir tut es leid, dass ich dir nicht gegönnt hab, ihn über Weihnachten zu dir zu nehmen."

„Was können wir denn noch tun? Die Polizei hat sich auch noch nicht wieder gemeldet."

„Diese Warterei macht mich noch wahnsinnig!" Fast wie ein Gebet murmelte Melinda leise vor sich hin: „Ich verspreche, wenn Michael nur heil und gesund wieder auftaucht, dann werden wir Weihnachten zusammen feiern, als Familie, wie er es gewünscht hat."

Und Niko fügte hinzu: „Wir sollten es noch mal zusammen versuchen, ihm zuliebe. Schließlich haben wir uns doch mal geliebt, uns verstanden."

Dem gab es nichts mehr hinzuzufügen. Sich gegenseitig Halt und Trost spendend warteten sie ungeduldig weiter. Irgendwo, bei irgendwem musste Michael doch auftauchen, musste gefunden werden.

Unterdessen waren Theres und Michael schweigend durch die Straßen gefahren, hielten schließlich vor dem Haus, in welchem Michaels Vater neuerdings seine Wohnung hatte.

„Kommst du mit rein?", bat Michael.

Theres zögerte kurz, kam dann aber zu dem Schluss, dass es sicher besser wäre, sich persönlich davon zu überzeugen, dass ihr kleiner Schützling gut und sicher aufgehoben war. So standen sie zusammen vor Nikos Wohnungstür.

„Willst du nicht klingeln?", fragte Theres.

„Papa ist bestimmt böse auf mich, weil ich weggelaufen bin..."

„Ich bin sicher, er wird einfach nur froh sein, dich wieder zu haben."

Die Tür wurde beinahe sofort aufgerissen, kaum dass Michael die Klingel gedrückt hatte. Er sah sich seinen beiden Eltern gegenüber die ihn in ihre Arme schlossen, ihm versicherten, wie froh sie waren, ihn wieder zu haben, ihm versprachen, dass dieses Weihnachtsfest doch noch ganz besonders schön werden würde, mit allen zusammen, als Familie.

Theres hatte noch eine Weile unentschlossen in der Tür gestanden. Hier war anscheinend wieder alles in Ordnung, sie hatte ihre Mission erfüllt. Gerade, als sie sich heimlich, still und leise wieder verdrücken wollte hielt Michaels Stimme sie zurück.

„Theres muss aber auch mit uns feiern. Ohne sie wäre alles nicht so gut ausgegangen."

So kam es, dass nicht nur Michaels sehnlichster Weihnachtswunsch erfüllt wurde sondern auch Theres zum ersten Mal seit langer Zeit Weihnachten nicht allein feiern musste.

Omas Weihnachtserinnerungen
(2009)

Oma saß in dem bequemen Sessel, schaute hinaus in den Garten, in welchem die matschigen Schneereste nicht gerade weihnachtlich ausschauten. Aber Schnee an Heiligabend, das hatte ohnehin Seltenheitswert. Dennoch war Oma zufrieden. Dieses Jahr wurde Weihnachten im neu erbauten Haus ihres Ältesten gefeiert. Und wie immer hatten sich alle zusammen gefunden. Die Kinder und Enkel, Omas Schwestern mit ihren Männern, Kindern und Enkeln. Eine schöne Tradition, die in Omas Familie aufrecht erhalten wurde. Die Feiertage verlebte man gemeinsam als Großfamilie und es funktionierte, ohne Stress, Streit und Generationskonflikte. Aufgeregt tobten die Enkel durchs Haus. Kein Wunder, konnte Oma sich doch noch gut daran erinnern, wie endlos sich die Zeit für ein Kind dehnte, bis *endlich* Bescherung war, all die geheimnisvollen, bunten Päckchen aus dem knisternden Papier gewickelt werden durften.

Die kleine Tina kam angehopst, war mit einem Satz auf Omas Schoß, schlag ihr die dünnen Ärmchen um den Hals.

„Oma", bettelte Tina, „kannst du uns nicht eine Geschichte erzählen? Dann vergeht die Zeit bestimmt viel schneller."

Die anderen Kinder waren ebenfalls aufmerksam geworden und jetzt riefen alle durcheinander: „Oh ja, bitte, Oma. Du kannst so toll erzählen und kennst so viele Geschichten."

Ja, das war das besondere an Oma! Bei ihr wurden die Kinder nicht der Bequemlichkeit halber vor den Fernseher gesetzt, oh nein! Oma erzählte mit grenzenloser Ausdauer spannende Geschichten; selbst erlebtes oder ausgedachtes und vieles, was sie im Lauf ihres langen Lebens in ihren unzähligen Büchern gelesen hatte. Auch jetzt war Oma gern bereit, in den Schatz ihrer Erzählungen zu greifen.

„Also gut, setzt euch alle hin und hört zu. Dann erzähle ich euch von einem Weihnachtsfest, das ich selbst erlebt hab und schon damals gesagt hab: „Das vergesse ich nie, und wenn ich 100 Jahre alt werde." Nun, dazu fehlen mir zwar noch 30 Jährchen aber damals war ich eben erst 13 und in jenem Jahr hatte meine Eltern – also eure Uroma und Uropa, die leider schon lange nicht mehr leben – mir endlich erlaubt, Reitstunden zu nehmen. Ach, was war ich glücklich über die Stunden, die ich im Stall bei den Pferden verbrinden durfte. Und wie wahrscheinlich jedes reitbegeisterte Mädel wünschte ich mir nichts so sehr wie ein eigenes Pony. Damals habe ich jedes Pferdebuch gelesen, dessen ich habhaft werden konnte. Und ich schwankte noch zwischen den Vorzügen von Fjordpferden, Haflingern und Isländern. Oder sollte es doch lieber ein stolzer Araber sein? Oder so ein lustiger, fleckiger Knabstrupper, wie „Kleiner Onkel" von Pippi Langstrumpf. Im Grunde wäre es egal, welches Pferd, Hauptsache ein eigenes. Meine Eltern sahen natürlich nur die Schwierigkeiten. Ein Pferd kostet schließlich eine Menge Geld. Nicht nur den Anschaffungspreis, auch Stallmiete und Weidepacht, Futter, Tierarzt, Hufschmied. Und wäre ich wirklich verantwortungs- und pflichtbewusst genug, tatsächlich *jeden* Tag für mein Pferd zu sorgen? Zu misten, zu füttern, zu putzen und zu reiten und nicht auf einmal keine Lust mehr darauf zu haben? Jedenfalls sah es nicht günstig aus für meinen Pferdewunsch.

Dann ging es auf Weihnachten zu und damit kamen die Fragen an meine Schwestern und mich, was wir uns wohl zu Weihnachten wünschten. Meine Antwort war klar, ein eigenes Pony. Und auch das Nein meiner Eltern war vorprogrammiert. Nun, in typisch jugendlichem Trotz stieß ich schließlich hervor: „Zu Weihnachten wünsche ich mir ein Pony! Und wenn ich das nicht kriege, dann will ich nichts! GAR NICHTS!"

Nach diesem Ausbruch von mir wurde über Weihnachtswünsche und mein obligatorisches „Ich will ein Pony" nicht mehr gesprochen. Seit diesem Tag herrschte so eine merkwürdig angespannte Stimmung und selbst die Freude über meine immer noch regelmäßig stattfindenden Reitstunden hatte einen Dämpfer bekommen. Wozu lernte ich denn reiten, wenn es doch so unwahrscheinlich war, dass ich jemals mein eigenes Pferd reiten würde?

Weihnachten rückte immer näher, eifrig werkelte Mutter in der Küche, buk mit Hilfe von uns Mädeln unzählige Sorten Kekse und Stollen, während Vater schon eine große, harzduftende Nordmanntanne besorgt hatte, die zunächst noch im Keller untergebracht war. Ich beteiligte mich jedoch nur halbherzig an all den Vorbereitungen, die mir doch sonst stets Freude gemacht hatten.

Dann war er da, jener denkwürdige Heiligabend. Der Baum stand geschmückt und mit brennenden Kerzen im Wohnzimmer, darunter häuften sich geheimnisvolle Päckchenstapel.

„Wer weiß", dachte ich damals, „wenn es schon kein eigenes Pony wird, dann vielleicht wenigstens eine neue Reithose oder ein Pferdebuch?" Mein groß angekündigtes „Dann will ich GAR NICHTS" hatte ich schon fast wieder vergessen.

Wie jedes Jahr hatten wir unseren ausgiebigen Weihnachtsspaziergang gemacht, danach Kaffee getrunken, uns Mutters Gebäck schmecken lassen, sangen gemeinsam Weihnachtslieder und dann, dann …

Dann kam die Bescherung. Doch während meine Schwestern mit begeisterten Rufen lang begehrtes aus ihren Päckchen zutage förderten, auch Mutter und Vater sich über die Gaben freuten, die sie einander schenkten, von uns Kindern oder anderen Verwandten bekamen, gab es für mich … nichts!

Nicht einmal ein einziges klitzekleines Päckchen mit meinem Namen war unterm Baum zu finden. Selbst der obligatorisch bunte Teller, gefüllt mit Fondantringen und –sternen, Marzipankartoffeln, Dominosteinen und Lebkuchen, den *jeder* von uns *jedes* Jahr bekam, in diesem Jahr fehlte er für mich.

Ich war sprachlos, kämpfte mit den Tränen. Ein Pony oder gar nichts, so hatte ich es gesagt. Und meine Eltern hatten es ernst genommen. Das Pony wollten sie mir nicht kaufen, also kriegte ich gar nichts. Verzweifelt bemühte ich mich, so zu tun, als wäre alles in bester Ordnung. Oh nein, den Triumph, mich jetzt am Boden zerstört zu sehen, den wollte ich ihnen nicht gönnen. Ebenso wenig, wie ich mir ein: „Das hast du jetzt davon", anhören wollte.

Doch auch dieser schreckliche Heiligabend ging vorüber. Nie war ich erleichterter, mich endlich ins Bett flüchten zu können. Schlafen konnte ich jedoch noch lange nicht. Endlich allein in meinem Zimmer ließ ich den gewaltsam unterdrückten Tränen freien Lauf, weinte so lange, bis ich doch endlich erschöpft einschlief um von meinem Pony zu träumen, welches mir nicht vergönnt war.

Viel zu früh wachte ich am anderen Morgen auf, setzte mich aufs Fensterbrett, starrte blicklos in die weißflimmernde Schneelandschaft hinaus. Dann sah ich ihn um die Straßenbiegung kommen, einen Mann auf einem Fjordpony. Ein Pony, wie aus meinen Wunschträumen, welches geduldig mit seinem Reiter durch den Schnee stampfte, dabei dampfende Atemwolken aus den Nüstern stieß, auf dem Gebiss kaute, wobei schaumige Speichelflöckchen in den Schnee tropften. So, wie mir bei diesem Anblick die Tränen herunter tropften.

„So ein Pony, genau so eines …", ich mochte den Gedanken nicht zu Ende denken, es tat zu weh! Sehnsüchtig starrte ich dem Mann auf seinem Pony hinterher, wie er weiter die Straße hinunter ritt, meinen Blicken schließlich entschwand.

Mehr unbewusst nahm ich wahr, wie auch die anderen nach und nach erwachten, hörte die Geräusche, die darauf hindeuteten, dass der Frühstückstisch gedeckt wurde. Noch immer starrte ich auf den Punkt der Straße, wo der Reiter aus meinem Gesichtsfeld verschwunden war. Eine endlose Reihe von

Tagen würde mir bevor stehen, in denen ich gute Miene zum bösen Spiel machen musste. Mechanisch bewegte ich mich Richtung Küche, nahm meinen Platz am Tisch ein. Meine Eltern und Schwestern unterhielten sich und aßen so normal wie jeden Tag. Ich hingegen schien in einem Vakuum zu stecken, war dabei, aber gehörte nicht mehr dazu. Mitten in unser – ach so normal erscheinendes – Frühstück, tönte das Schrillen der Türklingel. Vater ging hin, um nachzusehen, wer zu so früher Stunde schon etwas von uns wollte. Wir anderen spitzten neugierig die Ohren. Eine fremde Männerstimme sprach mit Vater und offensichtlich bat er den Unbekannten herein. In unserer Küchentür erschien kurz darauf … der Reiter, den ich vom Fenster aus beobachtet hatte. Er legte seine Jacke und Mütze ab, rieb die kalten Hände aneinander und nahm dankbar die Einladung zu einer heißen Tasse Tee an. Anscheinend hielt es der Fremde nicht für nötig, sich vorzustellen, wärmte nur seine Hände an der Teetasse, während ich mir die brennende Frage verkniff, wo er sein Pony gelassen hatte. Nach schier endlos scheinendem Schweigen ergriff der Mann das Wort: „Fast hätte ich Sie gar nicht gefunden. Die Hausnummer ist so mit Schnee verweht, dass ich sie gar nicht erkennen konnte und erst vorbei geritten bin. Wollte ja eigentlich gestern Abend schon kommen, aber Sie haben's ja gehört, Glatteis auf der Autobahn, keine Chance, mit dem Transporter durchzukommen. Na, bin ich eben heute Morgen hier, ist die Freude umso größer."

Während ich auf allen Gesichtern so ein merkwürdiges, wissendes Lächeln wahrzunehmen meinte war mir noch immer völlig unklar, was dieser Besuch zu bedeuten hatte. Bis sich der Mann an mich wandte: „Na, schon fertig gefrühstückt? Dann zieh dich mal warm an und komm mit nach draußen."

Noch immer nicht begreifend nahm ich meine Jacke von der Garderobe, band meinen Schal um, setzte die Mütze auf, schlüpfte in Stiefel und Handschuhe. Egal, was der Fremde von mir wollte, es war immer noch besser, als weiter am Frühstückstisch zu sitzen und normal zu tun. Ich folgte ihm hinaus, dabei gar nicht bemerkend, dass sich meine Familie inzwischen ebenfalls warm angezogen hatte und hinterher kam. Dort, am Gartentor, stand sein wunderbares Pony angebunden, wartete geduldig. Ob Mutter wohl erlaubte, dass ich ihm einige Äpfel und Karotten brachte?

Der Mann wandte sich zu mir um, fragte: „Na, bereit für einen ersten Ritt?"

Was meinte der damit, dass er mich auf seinem Pony reiten lassen wollte? War das jetzt ein schwacher Trost für mein verpatztes Weihnachtsfest? Aber was hatte dieser Fremde damit zu tun? Er schaute zu meinen Eltern, die inzwischen hinter mir standen.

„Weiß die Kleine am Ende noch gar nichts von ihrem Glück?"

Mein Glück, was sollte das jetzt bedeuten?

„Dieses Pony", begann der Mann zu erklären, „ist dein Weihnachtsgeschenk. Wie ich schon sagte, eigentlich wollte ich es gestern bereits herbringen, aber bei den vereisten Straßen..."

Wieder war ich sprachlos und den Tränen nahe. Aber diesmal vor überwältigender Freude. Ich umarmte jeden, den ich zu fassen kriegte, lachte und weinte gleichzeitig."

An dieser Stelle unterbracht Oma ihre Erzählung, tupfte ihre bei der durchlebten Erinnerung wieder feucht gewordenen Augen. Sie hatte gar nicht bemerkt, dass längst nicht mehr nur die Kinder zuhörten. Auch die Schwestern lauschten, mit einem glücklichen Lächeln auf den Gesichtern, in Erinnerung daran, *wie* fassungslos überrascht die Kleine damals gewesen war.

„Und das Pony war wirklich für dich?", fragte Tina gespannt.

„Ja, er war mein Weihnachtsgeschenk, mein Domino, so hab ich ihn genannt. Und ich kann bis heute nicht sagen, ob dieses Weihnachtsfest damals das Beste oder das schlimmste war, das ich je erlebt hab."

„Und wie ging es dann weiter, mit dir und Domino? Wo ist er denn heute?", fragte Tina in kindlicher Neugier weiter.

„Oh, wir hatten lange, glückliche Jahre und unendliche viele unvergessene Ausritte zusammen. Genau so wie schmerzhafte Stürze und bange Nachtwachen im Stall, wenn er mal krank war. Aber heute – Kind – so alt wie deine Oma wird keine Kuh und auch kein Pferd. Domino galoppiert schon lange über die endlosen grünen Prärien der Ewigen Jagdgründe. Als ich ihn bekam, da war er 10-jährig. In meiner Obhut wurde er fast 50 und das ist ein ganz schönes Alter für ein Pferd. Leider konnte ich ihn später nicht mehr ausschließlich selbst betreuen. Ich machte meine Ausbildung, arbeitete dann richtig, heiratete, bekam Kinder. So hab ich mir andere pferdebegeisterte Mädchen gesucht, die mir halfen und Freude daran hatten, sich um Domino zu kümmern. Seinen Lebensabend verbrachte er auf der Wiese eines nahen Bauernhofs, wo ich ihn bis zuletzt versorgt hab, ihm sein Gnadenbrot gebracht hab. Frag deinen Papa und deinen Onkel, auch sie haben noch auf seinem Rücken gesessen."

„Und, wurde Domino dann richtig beerdigt, später, als er nicht mehr lebte?"

Oma lächelte ein kleines, trauriges Lächeln. „Ja, wurde er. Normal darf man das ja nicht und tote Tiere müssten vom Abdecker abgeholt werden. Aber diese Vorstellung war so schrecklich für mich, nachdem ich ihn eines Morgens tot auf der Weide fand, einfach friedlich über Nacht eingeschlafen. Der Bauer, auf dessen Weide er stand, hat mitgespielt und mir geholfen, ihn zu begraben, dort, unter dem Apfelbaum, dessen Äpfel er immer so gern genascht hat." Wieder tupfte Oma mit dem Taschentuch über die Augen. „Ich war schon so lange nicht mehr an seinem Grab, aber wenn ihr wollt, dann machen wir morgen einen Spaziergang dorthin und besuchen ihn, zur Erinnerung an den Tag, an dem er vor vielen, vielen Jahren in mein Leben trat. Aber jetzt … ich glaube, es ist Zeit für die Bescherung."

Während alle sich um den Weihnachtsbaum versammelten schaute Oma aus dem Fenster, tief in ihren Erinnerungen versunken meinte sie tatsächlich, den Mann auf dem Pony die Straße herauf kommen zu sehen, auf ihrem Domino.

Nachdenkliche Weihnachtsgeschichte
(2009, im Auftrag meiner Freundin Annett für ihre Tante)

Einsam streifte Alina durch die Straßen der Stadt. Kaum spürte die 6-jährige den steten, kalten Nieselregen. Die Schule war längst zu Ende, dennoch mochte Alina nicht nach Hause gehen. ZU angespannt war die Stimmung zurzeit. Dabei stand doch Weihnachten vor der Tür. Noch einen Monat, und dann ... dann würde es keine oder nur ganz bescheidene Geschenke unter einem ebenso mickrigen Weihnachtsbaum geben. Alina seufzte. Seit ihre Mama das war, was man alleinerziehend nannte und sich samt ihren drei Kindern von etwas durchbringen musste, was HARTZ 4 hieß – Alina hatte das nie verstanden, denn in der Schule hatten sie den Harz durchgenommen und was hatte ein Wald mit dem Geld zu tun, welches Mama bekam? – lief zu Hause nichts mehr rund. Die Kinder trauten sich nicht mehr zu fragen, ob sie Süßigkeiten, Spielzeug oder neue Kleidung haben durften. Stets reagierte Mama gereizt und murrte nur, als ob sie für überflüssigen Schnickschnack Geld übrig hätte. Eingekauft wurde seitdem meist in einem Laden von den Tafeln und dort war die Auswahl längst nicht so überwältigend wie in den normalen Supermärkten. Einem von der Sorte, vor dessen Schaufenster Alina soeben stand und mit sehnsüchtigem Blick durch die großen Glasscheiben starrte auf all die Pracht im Inneren. Was würde Mama sich über einen der kunstvollen Parfümflakons freuen oder der Bruder und die Schwester über eine CD oder DVD. Doch solche Träume gehörten der Vergangenheit an oder einer fernen Zukunft, die wahrscheinlich nie kommen würde. Alina selbst, der inzwischen vernehmlich der Magen knurrte, wäre in diesem Moment über eine Tafel Schokolade, ein Paket Kekse, vollkommen glücklich gewesen.

Langsam schlenderte Alina weiter in sehnsüchtigem Staunen an der Glitzerfassade entlang bis sie schließlich am Hinterausgang ankam, dorthin, wo sich die Kundschaft üblicher Weise nicht hin verirrt. Dort war es dreckig und trostlos, standen die Müllcontainer. Und zu eben diesen Müllcontainern trug grad eine der Frauen in einem Supermarktkittel einen prall gefüllten blauen Müllsack. Sie wollte den Sack in den Container hieven, wobei dieser jedoch aufriss und sich der Inhalt über den Boden ergoss. Alina klappte der Unterkiefer herunter. Denn in dem Sack, der offensichtlich für den Müll bestimmt war, befanden sich Unmengen von Schokolade und anderen Süßwaren, große, unversehrte Packungen. Eine Pralinenschachtel kullerte direkt von Alinas Füße. Wie in Zeitlupe hob Alina die Packung auf. Die Verkäuferin schimpf-te derweil über das Missgeschick, versuchte, alles wieder einzusammeln. Alina, die sonst eher schüchtern war, nahm allen Mut zusammen, trat auf die Verkäuferin zu und fragte: „Wollen Sie das alles wegschmeißen?"

„Was geht dich das an?", fragte die Frau unfreundlich zurück.

„Aber das ist doch gar kein Müll, das ist doch Essen und das darf man nicht wegschmeißen, sagt meine Mama immer", protestierte Alina.

„Was verstehst du denn davon? Das Haltbarkeitsdatum ist abgelaufen und da müssen wir die Sachen eben wegschmeißen, sagt unser Chef."

„Kriegt euer Chef auch HARTZ 4, so wie unsere Mama?"

„Natürlich nicht! So ein Blödsinn! Und jetzt mach, dass du wegkommst und lass mich arbeiten."

Fassungslos musste Alina mit ansehen, wie die Verkäuferin die Schokolade so, wie sie sie zu fassen kriegte, noch immer wütend über ihr Missgeschick und wahrscheinlich auch Alinas Fragerei, tatsächlich in den Container warf. Die Pralinenschachtel hielt Alina noch immer in der Hand. War das jetzt geklaut, wenn sie diese ihrer Mama mitbrachte? Und warum sagte der Chef, dass die Sachen weggeworfen werden mussten? Alina dachte an das trostlose, bevorstehende Weihnachten und daran, wie sehr sich ihre Familie über diese Fülle von Süßigkeiten freuen würde. Also beschloss sie, noch einmal ganz mutig zu sein, in den Laden zu gehen und diesen Chef selbst zu fragen. Das musste der doch verstehen, so dumm und uneinsichtig konnte doch nicht mal ein Erwachsener sein! Zögernd trat Alina durch die Glasschiebetür ins Ladeninnere. Hoffentlich traf sie dort nicht ausgerechnet auf die unfreundliche Frau vom Müllcontainer. Sie wagte es, eine junge, freundlich aussehende Verkäuferin anzusprechen und nach dem Chef zu fragen.

„Ja, was willst du denn von Herrn Bernhard?", fragte diese.

„Ich ... ich muss ihm einfach etwas ganz wichtiges sagen."

„Na, ich denke, das geht in Ordnung. Dann komm mal mit."

Alina folgte der Verkäuferin durch eine Tür „Nur für Personal" in das Büro, in welchem Herr Bernhard an seinem Schreibtisch saß. Mit den Worten: „Die junge Dame hat eine wichtige Frage an Sie", schob sie Alina in das Büro.

Jetzt, so direkt vor diesem gewichtigen Mann stehend, verließ Alina fast der Mut. Dennoch nahm sie sich zusammen, erzählte, was sie soeben draußen am Müllcontainer erlebt hatte und wie sehr ihre Familie sich über die Süßigkeiten freuen würde, weil die Mama doch keine kaufen konnte. Statt Verständnis erntete sie jedoch nur die lapidare Ansage: „Dagegen kann ich auch nichts machen, das schreibt die Zentrale so vor."

Geknickt verließ Alina den Laden, um jetzt endlich nach Hause zu gehen. Dabei überlegte sie die ganze Zeit, wer oder was diese Zentrale wohl sein möge und ob man sie nicht fragen könnte. Ihrer Mutter mochte sie nichts sagen, vertraute die Geschichte jedoch ihrer großen Schwester an. Diese wurde sofort aktiv, besuchte eine Freundin, um bei ihr ins Internet zu gehen und hatte kurz darauf die Adresse und Telefonnummer der geheimnisvollen Zentrale.

„Und was machen wir jetzt?", fragte Alina.

„Wir rufen da an, bei der Geschäftsleitung und erzählen denen die Geschichte. Vielleicht hören die uns ja zu", schlug die Schwester vor.

So nahm Alina erneut ihren Mut zusammen. Ihre Schwester wählte die Nummer, sie lauschten auf das Tuten, endlich nahm jemand ab. Sie wurden jedoch noch etliche Male weiter verbunden, bis endlich eine Frau Meinhard sich zuständig fühlte, die Mädchen anzuhören.

„So", merkte sie nur an, nachdem Alina zu Ende erzählt hatte, „das ist ja WIRKLICH interessant, was ich da erfahre. Da muss ich wohl mal nach dem Rechten sehen. Aber von euch brauche ich jetzt noch Namen und Adresse."

Lange Zeit hörten die Mädchen nichts weiter von der Geschichte bis am ersten Dezember ein Päckchen eintraf, prall voll mit Süßigkeiten und obenauf ein Dankschreiben, dass die Mädchen auf einen Missstand aufmerksam gemacht hätten und die abgelaufenen Waren ab sofort nicht mehr weggeworfen würden sondern wohltätigen Zwecken zur Verfügung gestellt würden. Den gesamten Dezember über kam jeden Tag so ein Päckchen an, gewisser Maßen als Adventskalender. Und das größte Paket kam an Heiligabend als Beweis dafür, dass es manchmal nur ein wenig Mut braucht, damit die, welche ihren Überfluss gedankenlos wegwerfen, vielleicht mal daran denken, dass es viel zu viele Leute gibt, denen dieser Wohlstandsmüll das Leben etwas versüßt.

Nachwort: Leider ist diese Geschichte, was die Verschwendung von gerade so abgelaufenen Süßwaren angeht, keine Erfindung. Wie jedoch das Happyend in der Wirklichkeit aussieht???

Ein Weihnachtsmann in Flecktarnzeug
(2010)

„Mama, warum kann Papa Weihnachten nicht mit uns feiern?"

Marleen seufzte unwillkürlich auf, strich sich eine widerspenstige Strähne ihres langen, blonden Haares hinters Ohr und wiederholte den schon so oft gesagten Satz: „Lily, du weißt doch, dass Papa in Afghanistan ist. Er muss dort arbeiten und kann jetzt noch nicht nach Hause kommen. Erst nächstes Jahr."

„Aber es ist doch *Weihnachten*", beharrte Lily mit all der Hartnäckigkeit, die eine 4-jährige aufbringen kann. Marleen schluckte gegen die aufsteigenden Tränen an. Wie erklärt man einem Kind, dass die Kriege und Konflikte dieser Welt nun mal keine Rücksicht auf Feiertage und Familienfeste nehmen, es nie getan haben. Nie hätte sie geglaubt, dass der Beruf ihres Mannes – Bundeswehrsoldat – solche Auswirkungen auf ihr Familienleben haben würde. Liebe überwindet schließlich alles, oder etwa nicht? Aber jetzt? Eine Wochenendehe führten sie, weil seine Kaserne zu weit weg war, um jeden Tag nach Hause zu kommen. Kamen oft wochenlange Übungen und Lehrgänge hinzu. Und dann das, Afghanistan! Sechs Monate praktisch alleinerziehend! Dazu noch über Weihnachten. Hätten die Verantwortlichen das Kontingent nicht wenigstens *vor* den Feiertagen wieder nach Hause schicken können statt erst zu Beginn des neuen Jahres?

Nicht einmal die Option, Heiligabend woanders im familiären Rahmen feiern zu können, hatte Marleen mit ihrer kleinen Lily. Ihre Eltern waren dem kalten, tristen, deutschen Winter entflohen und nach Mallorca geflogen. Die Schwiegereltern hatten, ausgerechnet heute, ebenfalls andere familiäre Termine und Verpflichtungen. Obwohl man sie pro forma eingeladen hatte, wäre Marleen dort bloß wie das 5. Rad am Wagen gewesen. Zwar hätte sie die vom Familienbetreuungszentrum der Bundeswehr organisierte Feier besuchen können. Jedoch war ihr der Weg dorthin zu weit und sicher wäre alles *noch* schlimmer geworden, hätte sie sich mit all den anderen, vereinsamten Müttern und Kindern konfrontiert gesehen, die Weihnachten ohne ihre Männer und Väter feiern mussten.

„Machen wir eben für uns beide das Beste draus", ermunterte Marleen ihre kleine Tochter. Gebacken hatten sie fleißig zusammen. Und da Marleen den klassischen weihnachtlichen Gerichten wie etwa Gänsebraten mit Rotkohl noch nie viel hatte abgewinnen können, noch es je verstanden hatte, warum Frau ausgerechnet an Feiertagen, die doch der Erholung und der Familie dienen, stundenlang in der Küche schuften sollte, waren Marleen und Lily an Heiligabend zunächst zu MacDonalds gefahren, um dort ausgiebig zu schlemmen. Das Spielzeug aus dem Happy Meal war für Lily ein willkommenes zusätzliches Weihnachtsgeschenk.

Später am Nachmittag kuschelten sie auf dem Sofa, bei Kakao und selbstgebackenen Keksen, schauten sich traditionell den Film „Das Wunder von Manhattan" an. Die elektrischen Kerzen an dem kleinen

Weihnachtsbaum, den sie gemeinsam geschmückt hatten, brannten bereits. Nach dem Film würden sie Bescherung machen. Die Päckchen für ihren Mann lagen noch sorgsam in Marleens Kleiderschrank versteckt. Auf ihre Frage, ob sie ihm seine Geschenke zuschicken solle, hatte er geantwortet: „Nein, lass uns lieber, wenn ich zurück bin, nochmal eine 2. Bescherung zusammen machen."

Der Abspann lief bereits. Noch hatten weder Marleen noch Lily Lust, sich aus ihrer gemütlichen Kuschelecke zu erheben. Wie wenig doch Geschenke locken konnten, wenn der wichtigste Mensch im Leben nicht dabei ist. Plötzlich schrillte die Türklingel!

„Der Weihnachtsmann?", fragte Lily, gleichermaßen skeptisch wie überrascht. Seit neuestem zweifelte sie nämlich an der Existenz des Weihnachtsmannes. Seit ihr großer Cousin, der immerhin schon 10 war, sie ausgelacht hatte und großspurig meinte, an den Weihnachtsmann glauben doch nur Babys und die Geschenke kommen von den Eltern.

Marleen hingegen meinte sekundenlang, ihr Herz müsse aussetzen. Erwarten tat sie niemanden und was wäre, wenn man ihr die schlimmste aller möglichen Nachrichten überbringen würde, ausgerechnet an Heiligabend?

„Reiß dich zusammen", rief sie sich selbst zur Ordnung. „Wird sicher nur die schusslige Nachbarin sein, die vor dem Fest vergessen hat, genügend Zucker, Kaffee, Brot oder was auch immer einzukaufen und sich jetzt was borgen will."

„Jetzt mach schon auf, vielleicht ist es wirklich der Weihnachtsmann. Und wenn du ihn nicht rein lässt, dann geht er wieder und nimmt alle Geschenke mit", riss Lily ihre Mutter drängend aus ihren Gedanken.

Zögernd öffnete Marleen. Vor der Tür stand in der Tat ein Mann und einen offensichtlich sehr schweren Sack hatte er auch geschultert. Jedoch fehlten der rote Mantel und der lange, weiße Bart. Marleen schlug die Hände vor den Mund, konnte kein Wort rausbringen, glaubte ihren Augen nicht zu trauen. Lily hatte sich wesentlich schneller wieder gefasst und war dem erschöpft wirkenden Mann im Feldanzug mit einem freudigen „PAPA!" um den Hals gefallen.

Auch Marleen fand schließlich ihre Sprache wieder. Lachend und weinend zugleich umarmte sie den Weihnachtsmann in Flecktarnzeug.

„Schatz, dass du hier bist! Ich kann's kaum glauben! Aber ... wie kommt das denn? Euer Kontingent sollte doch erst nächstes Jahr zurück kommen."

Er lächelte nur und erklärte zwischen ungezählten Küssen: „Manchmal geschehen eben noch Wunder. Meine Einheit wurde tatsächlich schon früher zurück beordert. Gerüchte darüber gab es schon länger, aber ich wollte euch noch nichts sagen. Nachher wär's doch wieder nichts geworden und die Enttäuschung umso größer. Weißt ja selbst, was das oft für ein hin und her ist. Erst heißt es, du sollst dann und dann da und da hin, dann kommt's doch wieder ganz anders. Aber, hier bin ich, glücklich wieder zu Hause und pünktlich zur Bescherung."

Matschige Schneereste krümelten aus den Profilsohlen seiner Kampfstiefel, zerschmolzen zu kleinen Pfützen im Flur, als er ins Wohnzimmer ging, sich in seinen Lieblingssessel fallen ließ. Zu jeder anderen Zeit hätte Marleen mit ihm geschimpft, ihr so den Dreck herein zu tragen. Heute war sie viel zu glücklich, um sauer zu werden. Alles war egal, weil *er* so überraschend wieder da war. Müde schien er wirklich zu sein, regelrecht ausgelaugt. Denn gar nicht lange, nachdem er es sich im Sessel gemütlich gemacht hatte, war er auch schon eingeschlafen. Lily hatte sich auf seinen Schoß geschmiegt, die Ärmchen um seinen Hals geschlungen, ihr Gesicht in seiner Feldjacke vergraben, atmete restlos zufrieden den lang entbehrten Papageruch ein. Soldatengeruch, immer ein bisschen nach Lagerfeuer, feuchter Erde, Stiefelwichse und Waffenöl.

Marleen betrachtete lächelnd ihre beiden Liebsten. „Sieht nicht so aus, als ob es heute noch was würde mit den Bescherung", murmelte sie schließlich, mehr zu sich selbst.

Lily hatte sie trotzdem verstanden und verbesserte: „Wieso, die hatten wir doch eben. Jetzt weiß ich nämlich, dass es ihn *doch* gibt und dass der Michi doof ist, wenn er was anderes sagt."

„Wen gibt es doch?"

„Na, den Weihnachtsmann", erwiderte Lily, ungeduldig über so viel erwachsene Begriffsstutzigkeit. „Ich hab dem Weihnachtsmann nämlich gesagt, dass ich nichts anderes haben will, als dass Papa Weihnachten zu Hause ist. Und jetzt *ist* er zu Hause."

„Da hast du recht, und es war auch mein sehnlichster Wunsch", stimmte Marleen ihrer Tochter zu. Still vor sich hin lächelnd war sie sich jedoch sicher, dass auch die anderen Geschenke nicht verschmäht würden. Irgendwann später, das hatte Zeit.

Der verschwundene Ring
(2011)

In der Küche geht es hoch her. Mama ist emsig mit der Weihnachtsbäckerei beschäftigt und die Kinder helfen, so gut sie können. Wobei diese Hilfe mehr im Teig naschen, Mehl großzügig durch die Küche verteilen und Streusel ohne die dazugehörigen Kekse wegfuttern besteht. Mama hingegen schuftet wirklich, wiegt Zutaten ab, kneten den Teig, formt den Stollen und achtet nebenbei darauf, dass im Ofen nichts anbrennt. Ihren Ring hat sie abgenommen. Der würde beim Teig kneten nur stören.

Backblech um Backblech wandert in den Ofen, wird nach der festgesetzten Zeit wieder heraus gezogen. Ein betörender Duft zieht durchs ganze Haus und den Kindern wird vom vielen naschen langsam übel.

Endlich ist es geschafft! Der letzte Stollen, die letzten Kekse haben den Backofen verlassen, stehen zum Auskühlen bereit. Jetzt geht es ans Aufräumen. Das schmutzige Geschirr in die Spülmaschine, die nicht verbrauchten Zutaten zurück in den Vorratsschrank, alle Arbeitsflächen abwischen und den Fussboden ebenfalls gleich mit wischen. Jetzt strahlt die Küche wieder in sauberem Glanz und Mama wischt sich befriedigt die Hände an der Schürze ab.

Doch was ist das? Der Ring an ihrem Finger fehlt! Natürlich, den hat sie ja vor Beginn ihrer Backorgie abgesetzt und … wohin gelegt? Irgendwo auf die Arbeitsfläche. Aber dort ist er nicht! Jegliches Suchen auf der Arbeitsfläche, auf dem Fussboden, in sämtlichen Schubladen, sogar in der Spülmaschine bleibt erfolglos. Die Kinder wissen ebenfalls von nichts. Die einzige Erklärung, die jetzt noch bleibt, ist, dass der Ring irgendwie versehentlich mit in den Keks- oder Stollenteig geraten ist und mit gebacken wurde. Jetzt steckt er irgendwo im Gebäck. Nur in welchem? Diese Frage wird sich irgendwann im Lauf der Feiertage hoffentlich aufklären.

Der erste Advent, das Lichtlein brennt und der Kaffeetisch ist festlich gedeckt. Der erste Stollen steht bereit und auf den Tellern sind die Kekse aufgehäuft. Wie jedes Jahr schneidet Papa den Stollen an, verteilt die Stücke auf die Teller seiner Lieben. Genüssliches Kauen, „Hmmm", „Ahhhh" und „Köstlich"-Rufe bis…

Ein vernehmliches Knacken in Papas Mund, gefolgt von einem ganz unweihnachtlichem Fluch und Papa spuckt alles, was er im Mund hat, zurück auf seinen Teller. Dort liegt, inmitten von halbzerkautem Stollen, nicht nur Papas bis auf die Wurzel abgebrochener Backenzahn sondern auch Mamas verschollener Ring. Während Papa mit schmerzverzerrtem Gesicht die Hand an die Wange drückt und immer noch vor sich hin flucht und jammert, macht Mama ein betretenes Gesicht. Hat sie doch glatt vergessen, die Familie vorzuwarnen, wegen ihres Ringes, der dort irgendwo im Weihnachtsgebäck steckt. Natürlich freut sie sich, ihren Ring wieder zu haben, aber dass es Papa den Zahn kosten musste!

Nach gemütlichem Kaffeetrinken ist jetzt niemandem mehr zumute. Die Kinder werden ermahnt, ja keinen Blödsinn zu machen, vor allem nicht mit den Kerzenflammen zu spielen. Papa, der sich inzwischen ein Kühlpack ans Gesicht presst, wird von Mama ins Krankenhaus gefahren, in die Mund-, Kiefer-, Gesichtschirurgie. Dort bekommt sein Zahn die erste Notversorgung, bis am Montag der Hauszahnarzt wieder Sprechstunde hat.

Somit bekommt Papa zu Weihnachten eine exklusive Gebisssanierung, Mama ihren Ring zurück und alle außer Papa ganz besonders viel vom Christstollen. Dem Papa ist nämlich der Appetit darauf gründlich vergangen. Denn wer weiß, welche schmerzhaften Überraschungen noch im Stollen lauern?

Santa Claudias Rache
(2011)

Am Morgen des 06.12.2011 verschwand der 2-jährige Lennard L. spurlos aus dem Garten seines Elternhauses in B...

So ähnlich lauteten neuerdings die Meldungen in Presse, Radio und Fernsehen. Dann folgten meist Aussagen der verzweifelten Eltern, ihre dringende Bitte an den potentiellen Entführer, sich doch endlich zu melden und der Aufruf an die Bevölkerung, sachdienliche Hinweise an die nächsten Polizeidienststelle usw. usw.

Ich konnte über diese Meldungen nur grinsen. Wusste doch ich allein, wo sich der vermisste Junge befand und dass es ihm gut ging, sehr gut sogar.

Begonnen hatte diese sich inzwischen so tragisch entwickelnde Geschichte mit *der* großen Liebe. Ja, ich liebte diesen Mann, malte mir in rosigen Farben unsere Zukunft aus. Eine Zukunft, die auch ein gemeinsames Kind beinhaltete. Dass er erheblich jünger war als ich, wen störte das? Uns jedenfalls nicht. Bis es da eines Tages die Andere in seinem Leben gab. Die Andere, die so jung war, dass sie meine Tochter hätte sein können. Die Andere, deren Wunsch nach einem Kind von ihm erfüllt wurde. Die Andere, wegen der ich in Vergessenheit geriet, unwichtig wurde.

Am Anfang war da nur Enttäuschung und der verzweifelte Wunsch, ihn trotz allem zurück zu gewinnen. Doch unmerklich so nach und nach begannen Wut und Rachsucht die Oberhand zu gewinnen. Es ging langsam aber sicher auf Weihnachten zu. Und welche Zeit eignet sich besser, ein Verbrechen durchzuziehen als eine Zeit, in der es normal ist, dass soundso viele Leute verkleidet durch die Straßen laufen. Eine Zeit, in der niemand einer Person in rotem Mantel mit dazu passender Mütze, Rauschebart und Sack über dem Rücken übermäßige Beachtung schenken wird, weil so viele davon ganz selbstverständlich durch die Straßen laufen.

Anfangs hatte ich noch gar keinen konkreten Plan. Ich lag sozusagen einfach nur auf der Lauer. Unkenntlich durch mein Weihnachtsmannkostüm beobachtete ich das Haus der glücklichen, jungen Familie, ihre Gewohnheiten, ihren Tagesablauf. Dass es dann zu dieser Entführung kam, die jetzt die Medien beschäftigte, war einfach nur ein glücklicher Zufall. An diesem Morgen des 06.12. tobte klein Lennard begeistert durch den Garten seines Elternhauses, warf sich in die großen Haufen bunten Herbstlaubs und verteilte dieses wieder über Rasen und Beete. Der Papa war, wie immer, auf der Arbeit und die Mama, die zunächst noch mitgespielt hatte, musste wohl beschlossen haben, dass sie eben noch aus dem nahen Laden – nur ein paar Meter die Straße rauf – einige Kleinigkeiten besorgen wollte. Da der Junge so hingebungsvoll spielte wollte sie ihn nicht aus seinem Spiel reißen. Schließlich würde sie ja nicht lange und auch nicht weit weg sein. Der Garten war abgezäunt und überhaupt, man war ja hier auf dem Dorf. Was sollte also in der kurzen Zeit, in der die Mutter einkaufen ging und ihren Sohn eben allein im Garten spielen ließ, passieren?

ICH sollte in dieser Zeit passieren! Kaum war dieses junge Ding aus dem Haus und ich mir sicher, dass mich niemand beobachtete war ich auch schon im Garten, bei klein Lennard. Dieser schaute mich, bzw. den Nikolaus, den er in mir sah, mit großen, erstaunten Augen an. Ich ging vor ihm in die Hocke, sprach ihn mit tiefer, verstellter Stimme an: „Na, mein Junge, hast du denn heute Morgen in deinem Stiefel viele schöne Sachen gefunden?"

Lennard nickte nur, staunte mich weiter an. Ich fuhr fort: „Ich habe noch viel mehr schöne Sachen für dich. Ich kann dir sogar mein Haus zeigen, wo ich wohne, bis ich wieder unterwegs sein muss, um den Kindern Geschenke und Süßigkeiten zu verteilen."

Tja, da können die Eltern ihren Kindern noch so oft predigen, dass sie mit keinem Fremden mitgehen sollen, zu keinem Fremden ins Auto steigen oder etwas annehmen sollen. Kommt eine Vertrauensperson wie eben der Nikolaus daher, dann sind alle Mahnungen vergessen. Soweit ein 2-jähriger das überhaupt schon versteht! Jedenfalls nahm der Kleine vertrauensvoll meine Hand und folgte mir, den schmalen Waldweg hinter dem Grundstück entlang bis hin zu dem einsamen Wanderparkplatz, auf dem mein Auto stand. Er akzeptierte es sogar widerstandslos, als ich ihm sagte, ich müsse ihm *leider* die Augen verbinden, damit er nicht später ganz aus Versehen den Weg zu meiner Nikolaushütte verraten könne. Für ein großes Stück Schokolade war er gern zu diesem Zugeständnis bereit.

Ich schwang mich hinters Steuer. Da der Junge mich zumindest jetzt während der Fahrt nicht sehen konnte, hatte ich meine Kostümierung abgelegt, mich in eine normale, unauffällige Frau zurück verwandelt, die genau so normal und unauffällig die Straßen entlang fuhr. Dennoch zitterten mir die Hände. Wozu hatte ich mich da hinreißen lassen? Unbewusst hatte ich diesen Plan wohl schon lange gehabt. Meine kleine Waldhütte, in der ich natürlich nicht wirklich lebte – nur mein Wochenend- und Feriendomizil – hatte ich nämlich schon seit einiger Zeit weihnachtlich geschmückt, hatte Spielzeug, Süßigkeiten, Wechselwäsche und Windeln besorgt. Eben alles, damit ein Kind sich dort wohlfühlen kann. Auch Lebensmittelvorräte für einige Zeit hatte ich besorgt und … eine weitere Verkleidung. Dennoch war diese Entführung kein konkreter Plan gewesen. Eher so ein vages mich auf alle Eventualitäten vorbereiten, bis mir heute dieser Zufall so glücklich in die Hände spielte, dass ich einfach zur Tat schreiten *musste.*

Ich erreichte die Hütte, parkte mein Auto im Schuppen, legte meine Verkleidung wieder an. Dann hob ich Lennard aus dem Auto, erklärte ihm, dass er sich jetzt nur noch ein kleines bisschen gedulden müsse, trug ihn ins Haus. Seine Augenbinde nahm ich ihm erst ab, nachdem ich die Vorhänge zugezogen und in Windeseile die vorbereiteten Kerzen und den Ofen angezündet hatte. Der Kleine staunte nur mit leuchtenden Augen. Erst recht, als ihm der Nikolaus persönlich Kakao und Waffeln servierte, ihm das Spielzeug zeigte.

Da ich mich nicht die ganze Zeit über unter Mantel und Bart kaputt schwitzen und meine Stimme verstellen wollte, erklärte ich Lennard nach einiger

Zeit, dass ich nun leider gehen müsse. Aber ich würde eine meiner Elfen schicken, damit sie sich um Lennard kümmerte. Diese Elfe, das war mein zweites Kostüm, welches ich für den Fall der Fälle vorbereitet hatte. Die Elfe, die mit ihm spielte, vorlas, ihm das Essen machte und die Windeln wechselte. Die Elfe, die er liebte, der er vertraute, während alle Welt und vor allem seine Eltern sich größte Sorge um sein Wohlergehen machten. Es ging ihm gut, er vermisste offensichtlich nichts und seine vagen Fragen nach Mama und Papa konnte ich schnell beschwichtigen, indem ich ihm erzählte, dass nur wenige Kinder je das Glück haben, in die Hütte vom Nikolaus mitgenommen zu werden und seine Lieblingselfe kennen zu lernen und das alle Eltern sich dieses Glück für ihre Kinder wünschen.

Tatsächlich hatte ich mir mit Lennard ein Stück meines Traumes genommen, den sein Vater *mir* vorenthalten hatte, um ihn mit dieser, dieser … wahr zu machen. Ich wollte, dass seine Eltern litten, sich vor Sorge zerfleischten und wollte gleichzeitig, dass es dem Kind gut ging, dass es nicht unter den Fehlern seiner Eltern zu leiden hatte.

Wie lange ich Lennard noch bei mir behalten werde? Schließlich habe ich auch noch ein normales Alltagsleben, kann mich nicht ewig von allem zurückziehen. Bis jetzt denke ich es mir so, dass der Kleine am Heiligabend so überraschend, wie er aus dem Garten verschwunden ist, wieder dort auftauchen wird. Sehr zur Freude seiner Eltern, die bis dahin hoffentlich genug gebüßt haben. Dann wird er ihnen viel zu erzählen haben, vom Nikolaus und seiner Elfe, die ihn mit zu sich genommen haben und bei denen er tolle Tage verlebt hat. Ob sich aus diesen fantastischen Erzählungen eines Kindes brauchbare Hinweise für die Polizei ergeben? Das glaube ich eher nicht. Aber jetzt gerade verlangt mein kleiner Leihsohn wieder nach einer heißen Schokolade und einer Geschichte.

Das Anti-Winter-Gedicht
(2009)

Viele sagen: „Schneepracht, weiße!"
Doch ich finde Winter Scheiße!
In etliche Klamotten pellen
und sich durch die Kälte quälen
Das Auto ist verschneit, vereist,
Frost dir in die Finger beißt.
Husten, Schnupfen, Heiserkeit
macht sich auch schon wieder breit.
Auf dem Glatteis rutscht du aus,
gehst am liebsten gar nicht raus.
Das Treppenhaus sieht aus wie Schwein,
weil jeder trägt den Matsch herein.
Weihnachtszeit dich auch nur stresst.
Ja, von wegen „Frohes Fest" ☹

Nur bei den Kindern ist die Freude groß.
Sie ziehen mit dem Schlitten los.
Die Mama trottet hinterdrein,
sammelt Handschuh wieder ein.
Sie stürmen auf das Eis vom See,
das hält noch nicht, oh weh, oh weh!
Nass sind sie, von Kopf bis Socken.
Mama legt sie wieder trocken.

Auf all das bin ich echt nicht scharf!
Ich wollt, ich wär im Winterschlaf!

Klar kann man es auch anders sehn.
Die Winterpracht ist wunderschön.
Spaziergang durch den Winterwald
tut gut, ist es auch noch so kalt.
Die Winterluft, so frisch und klar,
belebt den Geist ganz wunderbar.
Weihnachtszeit besinnlich ist,
wenn man es schafft, den Stress vergisst.

Und trotzdem, alles so in allem
will mir der Winter nicht gefallen.
Hätt ich die Wahl, ich wär ganz brav
im allertiefsten Winterschlaf.

Der missverstandene Weihnachtsmann
(2011)

Hallo! Ich bin's! Der Weihnachtsmann. Jetzt ist wieder meine Zeit gekommen. Bald nun ist Weihnachtszeit, selige Zeit. Und doch, ich habe es nicht mehr leicht, in der heutigen Zeit. Klar werden jetzt viele sagen, dass es mich gar nicht gibt. Weiß ich doch selbst, dass ich nur in der Welt der Phantasie, der Märchen existiere, dass es mich nie *wirklich* gab, obwohl ich durchaus zwei ganz reale Vorbilder habe.

Der legendäre Nikolaus ist eine Verschmelzung aus zwei historischen Personen: dem Bischof Nikolaus von Myra im kleinasiatischen Lykien, der wahrscheinlich im 4. Jdt. gelebt hat, und dem gleichnamigen Abt von Sion, der Bischof von Pinora war, und am 10. Dezember 564 in Lykien starb.

Aus diesen beiden historischen Personen entwickelte sich die ab dem 6. Jahrhundert in Legenden zu findende fiktive Figur des wundertätigen Bischofs von Myra. Somit gab es schon mal den Nikolaus, der am 6. Dezember den Kindern die Stiefel mit allerlei Leckerei füllt. Wer wann und warum aus mir den Weihnachtsmann gemacht hat? Ist letztlich auch egal. Neben meiner Aufgabe, zu Weihnachten den Kindern Freude zu machen, verkomme ich leider auch immer mehr zum Werbeträger, was mir so gar nicht passt. Und die Wünsche der Kinder werden auch immer unermesslicher. Wo sind sie hin, die Zeiten, wo man Kinder mit Apfel, Nuss und Mandelkern noch *wirklich glücklich* machen konnte? Wo ein kleines Mädchen in karger Nachkriegszeit noch vor Freude durch die

Weihnachtsstube tanzte wegen *einer einzigen* Apfelsine, die es bekommen hatte?

Ohne den eigenen Fernseher und PC fürs Kinderzimmer geht heute gar nichts mehr. Und was solche Dinge wie iPhone, iPad, Smartphone, X-Box, Wii und wie sie alle heißen, betrifft, da muss ich mich nicht nur erst mal schlau machen, *was* das alles ist. Vor allem frage ich mich, *welches* Kind braucht diesen elektronischen Mist wirklich und wird dadurch so *richtig* glücklich und zufrieden. Aber wenn es die Eltern befürworten...

Auch ich gehe mit der Zeit und habe natürlich Internet. Neben vielen Wunschzetteln und positiven Briefen erreichen mich aber auch solche, die mich *SEHR* traurig machen. Wie diese Geschichte einer Frau hier:

Eines Tages wartete ein Mensch im Flur der Schule auf sein Kind. Es mag Dezember gewesen sein. Während dieser Zeit kam ihm plötzlich der Gedanke: Moment mal, der Weihnachtsmann weiß alles, sieht alles, ist omnipräsent (d. h. kann überall gleichzeitig sein ... und Geschenke verteilen) - - das sind doch Eigenschaften (bis auf die weltlichen Geschenke natürlich), die nur EINER hat, nämlich unser himmlischer Vater. Von dem Tag an war der Weihnachtsmann für diesen Menschen "gestorben" (wenn ein nicht existentes Wesen denn überhaupt sterben kann).

Fortan, wann immer Mitmenschen fragten, ob sich besagter Mensch denn auf Weihnachten freue, antwortete dieser mit Gegenfragen:
Haben Sie irgendwo in der Bibel das Wort "Weihnachten" gelesen? Wissen wir überhaupt, wann Jesus Christus genau geboren ist? Hat Gott / Jesus uns geboten, Weihnachten zu feiern? Falls ja, dann wäre uns das genaue Geburtsdatum und somit der Tag, an dem wir dieses Fest begehen sollen, mitgeteilt worden. (Lange vor unserer Zeit hat Gott Seinem Volk geboten, bestimmte Feiertage an bestimmten Tagen einzuhalten, und hat auch genau beschrieben, wie diese Tage begangen werden sollen.)

Meistens wissen diese Mitmenschen längst, dass da irgendetwas nicht so ganz stimmt.
Aber sie wollen an der Tradition einfach festhalten.

Ehrlich, nachdem ich *das* gelesen hatte, war ich so traurig, fühlte mich so missverstanden, dass ich mir erst mal einen ordentlichen Glühwein zum Trost genehmigen musste. Aber hey, nicht dass mir jetzt noch einer unterstellt, ich wäre Alkoholiker. Nachdem ich mich wieder beruhigt hatte, machte ich mir die Mühe, den Text genauer zu analysieren und sage hiermit: Lieber Mensch, der du diese Geschichte geschrieben hast. Wenn ich alles weiß, alles sehe und omnipräsent bin, dann liegt es tatsächlich daran, dass ich in Wahrheit natürlich nicht *eine einzige* Person bin, sondern durch ungezählte Eltern etc. vertreten bin. Sicherlich wissen auch Eltern nicht *alles* über ihr

Kind, sehen nicht *alles,* was es so anstellt. Aber vieles eben schon, und daher weiß es auch ich, der Weihnachtsmann. Meine Omnipräsenz, meine Fähigkeit, überall zur gleichen Zeit Geschenke verteilen zu können, hat doch ganz klar die gleiche Ursache. Für mich sind unzählige Eltern, Großeltern, Geschwister, sonstige Verwandte und gute Freunde am Werk, die diese Aufgaben übernehmen. *Ich* bin nur das Symbol für all dies, auch vertreten durch jene, die sich anlässlich von Weihnachtsfeiern ein entsprechendes Kostüm überziehen, um in meinem Namen die Geschenke zu verteilen. Zudem habe ich ungezählte mehr oder weniger große Vertreter aus Schokolade, die in den Geschäften darauf warten, „vernascht" zu werden.

Dass ich für die Verfasserin der Geschichte „gestorben" bin, sofern ein nicht existentes Wesen sterben kann. Üblicher Weise „sterbe" ich nicht, sondern spielt es sich so ab, dass alle Kinder, die einst an mich glaubten, so nach und nach dahinter kommen, dass es eben doch die Eltern und andere wohlmeinende Menschen sind, von denen die Geschenke kommen und folglich nicht mehr an mich glauben. So, wie sie irgendwann auch erfahren, dass die kleinen Babys eben *nicht* der Klapperstorch bringt, dass sie im Bauch der Mama heran wachsen. „Sterben" werde ich vielleicht, sollte je eine Zeit kommen, in der kein Kind mehr an mich glaubt, keine Geschichte mehr über mich erzählt wird und kein Film mehr über mich gezeigt wird und vielleicht auch niemand mehr Weihnachten feiern will.

Was mich zum nächsten Punkt bringt. Keine Ahnung, ob Weihnachten irgendwo in der Bibel erwähnt wird. Okay, Weihnachten ist *nicht* der wirkliche Geburtstag von Jesus, das habe ich auch schon gehört, sondern hat seinen Ursprung in einem „heidnischen" Fest. Da wurden dann verschieden Bräuche einfach zusammen gelegt. Aber ist es deswegen ein Grund, Weihnachten nicht mehr zu feiern? Sicherlich steht in der Bibel auch nirgends, dass und auf welche Art und Weise man seinen Geburtstag, seinen Hochzeitstag, ein Firmenjubiläum, die bestandene Prüfung, den neuen Job, das Wiedersehen mit einem guten Freund usw. usw. feiern soll. Trotzdem feiern die Menschen, einfach weil es ihrer Art ist, freudige Anlässe zu feiern. Und egal, warum man letztlich Weihnachten feiert, es ist und bleibt ein schönes Fest für die Familie. Ein Anlass, sich derer zu erinnern, die man das ganze Jahr über vernachlässigt hat, sich wieder bei ihnen zu melden. Leute wieder zu treffen oder wenigstens anzurufen, zu schreiben, die man sonst nur selten sieht. Klar ist es auch zu jeder anderen Zeit im Jahr möglich, sich um seine Mitmenschen zu bemühen, ihnen Freude zu bereiten, sich zu treffen, sich schöne und ruhig auch mal etwas teurere Dinge zu schenken. Aber ein *besonderer* Anlass für all dies ist eben genau das: Besonders! Rituale sind wichtig, geben den Menschen Halt. Und Weihnachten feiern kann man doch durchaus als ein Ritual ansehen.

Mag sein, dass *ich* nur eine erfundene Gestalt bin und alle Geschichten rund um mich nur Märchen. Aber *ich* stehe wenigstens dazu. Käme Gott je auf diese Idee? Wer sagt denn, dass *ER* nicht genau so bloß einen Legende ist, von Menschen erschaffen, entstanden aus vielen, alten Geschichten? *Ich* kann wenigstens für mich beanspruchen, dass ich schon viele, viele Herzenswünsche erfüllt hab, stellvertreten durch all jene Menschen, die sich etwas aus ihren Mitmenschen machen, ihnen eine Freude machen wollen.

Aber, was jeder glauben mag oder auch nicht ist letztlich seine Sache. Ich jedenfalls werde mir jetzt noch einen schönen Glühwein genehmigen und mir meinen Lieblingsfilm über mich ansehen „Das Wunder von Manhattan". Herrlich, wie da sogar vor Gericht bewiesen werden soll, dass der Weihnachtsmann wirklich existiert. Wobei mir die Aussage vom Verteidiger des Weihnachtsmannes am besten gefällt: „…fordere ich Sie hiermit auf, zu entscheiden, was besser ist: Eine Lüge, die ein Lächeln entlockt, oder die Wahrheit, die eine Träne entlockt?"

Wobei ein schönes Märchen doch wohl *keine* Lüge ist!

Der Adpfent - Ein Schulaufsatz

Vorwort: Ich weise ausdrücklich darauf hin, dass die nachfolgende Geschichte NICHT von mir verfasst wurde. Ich entdeckte sie vor einigen Jahren im Internet mit dem Hinweis „Verfasser unbekannt". Noch immer ist diese Geschichte zigfach in unterschiedlichen Varianten im Internet zu finden. Da ich sie einfach nur herrlich finde, erlaube ich mir, sie für mein Buch „auszuborgen". Den unbekannten Verfasser kann ich ja leider nicht um Erlaubnis fragen, hoffe jedoch hiermit auf sein Einverständnis.

Der Adpfent ist die schönste Zeit im Winter.
Die meisten Leute haben im Winter eine Grippe. Die mit Fieber. Wir haben auch eine, aber die ist mit Beleuchtung und man schreibt sie mit K.
Drei Wochen bevor das Christkindl kommt, stellt der Papa die Grippe im Wohnzimmer auf und meine kleine Schwester und Ich dürfen mithelfen.
Viele Krippen sind langweilig, aber unsere nicht, weil wir haben mordstolle Figuren darin. Ich habe nämlich einmal den Josef und das Christkindl auf den Ofen gestellt, damit sie es schön warm haben. Aber es war Ihnen wohl zu heiß.
Das Christkindl ist schwarz geworden und den Josef hat es in lauter Trümmer zerrissen. Ein Fuß von Ihm ist bis in den Plätzleteig geflogen und das war kein schöner Anblick.
Meine Mama hat mit mir geschimpft und gesagt, das nicht einmal die Heiligen vor meiner Blödheit sicher sind. Wenn Maria ohne Mann und ohne Kind herum-

steht, schaut es nicht gut aus. Aber ich hab Gottseidank viele Figuren in meiner Spielkiste und der Josef ist jetzt Donald Duck.

Als Christkindl wollt ich Asterix nehmen, weil der ist ja als einziger so klein, dass er in den Futtertrog gepasst hätte. Da hat meine Mama aber gesagt, man kann doch als Christkindl keinen Asterix hernehmen, da ist ja das verbrannte Christkindl noch besser. Es ist zwar schwarz, aber immerhin ein Christkindl.

Hinter dem Christkindl stehen zwei Ox`n, ein Esel und ein Brontosaurier. Den Saurier hab ich reingestellt, weil der Ox und der Esel waren mir zu langweilig.

Links neben dem Stall kommen gerade die heiligen drei Könige daher. Ein König ist dem Papa im letzten Adpfent beim Putzen heruntergefallen und er war dodal hi. Jetzt haben wir nur mehr zwei richtige heilige Könige und einen heiligen Batman als Ersatz.

Normal haben die heiligen Könige einen Haufen Zeug dabei, nämlich Gold, Weihrauch und Püree, oder so ähnlich. Von den unseren hat einer anstatt Gold ein Kaugummipapier dabei, das glänzt auch schön. Der andere hat eine Marlboro in der Hand, weil wir keinen Weihrauch haben. Aber die Marlboro raucht auch schön, wenn man sie anzündet. Der heilige Batman hat eine Pistole dabei. Das ist zwar kein Geschenk für das Christkindl, aber damit kann er es beschützen vor dem Saurier.

Hinter den drei Heiligen steht ein kaasiger Engel. Dem Engel ist ein Fuß abgebrochen, darum haben wir Ihn auf ein kleines Motorrad gesetzt, damit er sich leichter tut. Mit dem Motorrad kann er fahren, wenn er nicht gerade fliegt.

Also, mehr steht in unserer Krippe nicht, aber das reicht voll. Am Abend schalten wir die Lampe an und dann ist unsere Krippe erst so richtig schön. Wir sitzen drum herum und singen Lieder vom Adpfent. Manche gefallen mir, aber die meisten sind mir zu lusert. Mein Opa hat mir ein Gedicht vom Adpfent gelernt und das geht so:
„Adpfent, Adpfent, der Bärwurz brennt.
Erst trinkst oan, dann zwoa, drei, vier,
dann hauts de mit dem Hirn an d`Tür!"
Obwohl dieses Gedicht recht schön ist, hat Mama gesagt, dass ich es mir nicht merken darf.
Bis man schaut ist der Adpfent vorbei und Weihnachten auch und mit dem Jahr geht es dahin. Die Geschenke sind ausgepackt und man kriegt vor Ostern nichts mehr, höchtens wenn man vorher Geburtstag hat.
Aber eins ist ganz gewiss: Der Adpfent kommt immer wieder................

Unsere Winterlandschaft
(Nikolaustag 2012)

Liegt es daran, dass seit gestern leichter Schneefall eingesetzt hat und die Umgebung weiß überpudert hat? Oder daran, dass im Klinikum Minden auf viele Stationen auf den Anmeldetresen kunstvolle Weihnachtslandschaften aufgebaut sind? Jedenfalls erinnerte ich mich heute an eine winterliche Modelllandschaft von damals, vor unendlich langer Zeit.

Dieses „Damals", es muss 1986/87 gewesen sein. Jörg – mein früherer Verlobter und späterer erster Ehemann – hatte diese Landschaft gebaut. Grundlage war ein Regalbrett, aus einem der Einbauschränke seines damaligen Apartments entnommen. Wie er dieses Modell genau gebastelt hat entzieht sich meiner Kenntnis. Eine leicht hügelige, tief verschneite Landschaft mit 3 Häusern, einer Kirche, Bäumen, sogar einem beleuchteten Weihnachtsbaum. Ein kleines Rudel Rehe gehörte ebenfalls dazu. Liebevolle Details waren ausgearbeitet. So etwa Eiszapfen, die von den Dächern hingen, Licht in jedem Haus, von einem Trafo gespeist.

Eine kleine, zum Träumen einladende Weihnachtslandschaft. Nur leider, wie es mit so vielen Dingen im Leben geht, man weiß: Ja, das und das hatte ich mal, aber wo ist es hingekommen? Einen Nachteil hatte diese Landschaft. Sie war so groß, dass man sie kaum irgendwo dekorativ aufstellen konnte, ohne dass sie letztlich doch nur im Weg war. Eigentlich sollte man meinen, so etwas Großes verschwindet nicht einfach so, unauffindbar.

Nun, jetzt, wo in nicht allzu ferner Zukunft der Umzug in unser eigenes Haus ansteht, taucht dieser Weihnachtstraum ja vielleicht irgendwo in den Tiefen unseres Kellers wieder auf. Verstaub, sicher auch beschädigt, aber ebenso sicher auch wieder in Betrieb zu nehmen. Denn da wir im Haus mehr Platz haben werden als je in einer unserer Mietwohnungen dürfte sich sicher auch ein Platz für dieses leuchtende, mit Liebe gebaute Wunderwerk finden.

Traummann to go
(2013)

„Wer meldet sich schon freiwillig an Heiligabend zum Dienst in der Notaufnahme", seufzte Schwester Elise vor sich hin. Sie, sie war so „blöd", das freiwillig zu machen. Aus Rücksicht auf all die Kolleginnen und Kollegen, die Familien hatten, mit denen sie die Feiertage verbringen wollten. Elise hatte niemanden, der zu Hause auf sie wartete, mit ihr feiern würde.

Heiligabend, das Fest der Liebe und Familie. Welche Ironie, fand Schwester Elise, die es aus Erfahrung besser wusste. Fest der Einsamkeit, Enttäuschung und nicht erfüllter Hoffnungen, somit der höchsten Rate an Selbstmordversuchen. Fest der einsamen, frustrierten Besäufnisse, in deren Folge die dümmsten Sachen angestellt wurden. Fest des außer Kontrolle geratenen „Familienfriedens", welcher nicht selten in unschönen Handgreiflichkeiten endete. Fest der brennenden Kerzen, auf die niemand Acht gab, bis es zum verheerenden Brand kam. Fest der Verkehrsunfälle auf vereister, verschneiter Fahrbahn. Fest des sich maßlos an all den Leckereien und Festessen Überfressens. Und die Folgen alldessen landeten unweigerlich bei ihr, in der Notaufnahme.

An diesem Abend hatte Dr. Daniel Schneider mit ihr zusammen Dienst in der Notaufnahme. Lange war dieser hübsche, junge Unfallchirurg noch nicht am Klinikum und viel wusste Elise nicht über ihn. Nur, dass er, bevor er hier angestellt wurde, lange Zeit als Arzt für eine Hilfsorganisation gearbeitet hatte. Irgendwo im tiefsten Afrika, unter primitivsten Verhältnissen, mitten im größten Elend, hatte er alles daran gesetzt, den Menschen das Leben ein bisschen besser zu machen.

Schlag auf Schlag ging es an jenem Abend. Immer wieder kündigten Blaulicht und Martinshorn neue Leidtragende dieser stillen Nacht, Heiligen Nacht an. Sämtliche Tragen waren belegt, das Personal nur am rotieren. Niemand kam dazu, sich lange über irgendetwas Gedanken zu machen. Der einzige Glücksmoment des Abends war das „Christkind", welches, unterwegs im Rettungswagen entbunden, zusammen mit seiner vor Freude heulenden Mutter und einem total aufgeregten Vater nach gründlicher Untersuchung auf die Neugeborenenstation gebracht wurde.

Restlos erschöpft waren alle, als es gegen Schichtende endlich etwas ruhiger wurde, die meisten Patienten versorgt waren und entweder wieder nach Hause geschickt oder stationär aufgenommen worden waren. Die Übergabe an die nächste Schicht erfolgte und plötzlich standen sie allein vor dem Ausgang des Klinikums, Schwester Elise und Dr. Schneider.

Pappige Schneeflocken rieselten, nein, eher matschten, vom Himmel, bildeten eine ebenso matschig-weiße Schicht auf dem Asphalt. Immerhin, die Berge im Hintergrund wirkten malerisch überzuckert und das Auto würde sie wohl erst gründlich freikratzen müssen.

Wie lange sie so nebeneinander standen, die Schneeflocken auf dem Gesicht schmelzen ließen, einfach vor sich hin starrten, noch gar nicht ganz glauben könnend, dass diese anstrengende Schicht wirklich zu Ende war, sie jetzt frei hatten, hätte keiner von ihnen sagen können.

Dr. Schneider ergriff als Erster das Wort: „Und, was haben Sie jetzt vor?"

„Erst mal mein Auto unter all dem Schnee wiederfinden und freischaufeln. Dann... Ich weiß es noch nicht. Ich bin hundemüde und gleichzeitig zu aufgekratzt, um schlafen zu können."

„Geht mir genauso. Außerdem habe ich einen Bärenhunger. Erwartet ... Sie ... zu Hause ... niemand?"

„Nein, niemand. Und Sie?"

„Auch nicht. Darf ich Ihnen einen Vorschlag machen? Lassen wir die Autos doch erst mal Autos sein und gehen ein Stück zu Fuß, um wieder runter zu kommen. McDonalds ist nicht weit von hier, das erreichen wir locker zu Fuß. Ich würde Sie gern zum Frühstück einladen."

„Klingt gut."

Nebeneinander machten sie sich auf den Weg, hinterließen ihre Fußabdrücke im Schneematsch, hatten ihr Ziel bald erreicht.

„Ob die Angestellten hier wohl eine ebenso anstrengende Schicht hinter sich haben", fragte sich Elise unwillkürlich. All die vielen Einsamen, die nicht allein zu Hause essen wollten. All jene, die, verständlicherweise, gar nicht einsahen, warum sie ausgerechnet an den Feiertagen stundenlang in der Küche schuften sollten. Und jene wie sie und Dr. Schneider, die nach einem auslaugenden Arbeitstag einfach nur hungrig waren, schnell und unkompliziert satt werden wollten.

Der müde und lustlos wirkende, picklige Jüngling hinterm Tresen fragte nach ihren Wünschen. Kaffee! Ja, vor allem Kaffee! Den größten, stärksten, den sie zu bieten hatten. Dazu alles, was die Frühstückskarte hergab.

Dann saßen sie sich gegenüber, an dem kleinen Zweiertisch, verschlangen hungrig ihr Essen, sprachen zunächst nicht viel.

Wieder war Dr. Schneider der Erste, der das Schweigen brach: „Übrigens, wir kennen uns zwar noch nicht so lange. Aber nach dem, was wir letzte Nacht zusammen geleistet haben, finde ich, dass es Zeit wird, sich zu duzen. Ich heiße Daniel."

„Elise", erwiderte sie, zwischen zwei Bissen Marmeladenbrötchen. Nach einer Weile, in der beide wieder schweigend weiter kauten: „Wie kommt es, dass Sie ... dass du, niemanden hast, mit dem du Weihnachten feiern kannst?"

Oops, wenn das mal nicht zu direkt und neugierig war, schalt sie sich gleich darauf selbst. Dennoch antwortete er ihr.

„Eigentlich ... sollte es da jemanden geben. Damals, vor Jahren, meine Kommilitonin Marion. Sie hat immer eher so halbherzig Medizin studiert. Mehr, weil der Herr Vater automatisch vorausgesetzt hat, dass sie eines Tages seine gut gehende, internistische Praxis übernehmen würde. Nicht, weil sie es wirklich als Berufung angesehen hat. Dennoch habe ich gehofft, dass sie mich nach Afrika begleiten würde. Sie hat es strikt abgelehnt. Viel später habe ich erst erfahren, dass sie von mir schwanger war. So hart es klingt, aber diese Schwangerschaft war wohl Berechnung, damit sie einen Grund hatte, ihren ohnehin nie wirklich geliebten Beruf aufgeben zu können. Und einen Grund, mich zu binden. Später, nachdem ich von dem Kind erfuhr, hat sie mir vorgeworfen, ich wäre ja geradezu davon besessen gewesen, zum Entwicklungshelfer zu werden, da habe sie mir gar nicht mehr von ihrer Schwangerschaft erzählen mögen. Anne-Joey ist bei ihrer Oma aufgewachsen. Denn Marion, unstet und in allen Dingen nie wirklich von dem überzeugt, was sie tat, war unserer Tochter ziemlich schnell überdrüssig. Leider lehnt sie es strikt ab, dass ich Kontakt zu meinem eigenen Kind hab. Meine Tochter hat ihren Vater am Anfang nicht kennen gelernt, warum sollte sie jetzt durch einen ihr fremden Mann verwirrt werden. Ihr geht es gut bei der Oma, und dabei soll es bleiben. Das waren in etwa ihre Worte. Im Moment befinde ich mich noch mitten in einem Kampf um das Umgangsrecht, mit noch ungewissem Ausgang."

Elise schüttelte nur den Kopf, wider besseres Wissen erneut überrascht von den Wirrungen des Lebens. Dabei hörte sich ihre eigene Geschichte, warum sie niemanden hatte, mit dem sie die Feiertage verbringen konnte, genau so bemitleidenswert an. Die Eltern früh verloren, keine Geschwister oder sonstige Angehörige. In Heimen aufgewachsen und von der ersten, großen Liebe so bitter enttäuscht worden, dass sie seither noch nicht den Mut für eine neue Beziehung aufgebracht hatte.

„Wir sind schon zwei verkrachte Existenzen, was", bemerkte Daniel ironisch, nachdem auch Elise ihre Geschichte zum Besten gegeben hatte.

„Immerhin, wenn schon unser Privatleben so trostlos aussieht, können wir wenigsten all unsere Energien ganz und gar auf unsere Patienten verwenden."

„Die auch nichts von uns haben werden, wenn wir uns jetzt nicht endlich ins Bett hauen und uns ausschlafen, um für unsere nächste Schicht fit zu sein."

„Was dann wohl heißt, ich darf zurück latschen, mein Auto von Schneemassen befreien und hoffen, dass die Batterie mich nicht im Stich lässt und es brav anspringt."

„Oder auch nicht. Ich meine … ich wohne praktisch gleich um die Ecke. Nur ein bescheidenes Einzimmerappartement, aber zum Schlafen reicht es. Und ich meine wirklich *schlafen,* mehr nicht."

„Okay", murmelte Elise, die sich, trotz Kaffee, inzwischen mehr als bleischwer müde fühlte. Sie torkelte mehr, als dass sie lief, neben ihm her. Sie schleppten sich die Treppen hoch, er schloss die Tür auf. Kaum, dass sie es schafften, sich die Schuhe und Jacken auszuziehen, dann sanken sie erschöpft nebeneinander in sein Bett, teilten sich die Decke redlich.

„Gute Nacht, schlaf schön, und … frohe Weihnachten", murmelte Daniel, war im nächsten Moment eingeschlafen.

Trotz ihrer Müdigkeit blieb Elise noch einen Moment länger wach, betrachtete sein erschöpftes und doch so schönes, im Schlaf entspanntes Gesicht, hatte das sicherer Gefühl, dass es auf Dauer nicht beim erschöpft nebeneinander einschlafen bleiben würde. Gähnen rollte auch sie sich unter der Decke zusammen, schloss die Augen. Ihr letzter Gedanke vor dem Einschlafen war: „Andere nehmen sich von McDonald einen Coffee to go mit und ich mir einen Traummann to go."

Und sobald sie beide wach und ausgeschlafen waren, würden sie zusammen Weihnachten feiern.

Weihnachtsstress

Wenn es langsam hektisch wird
den Überblick man leicht verliert
Durch die Geschäfte laufen, laufen
teuren Schnickschnack einzukaufen
Fort ist längst der wahre Sinn
treibst im Festtagstrubel hin
Weihnacht ist nur noch Kommerz
und schon lang nichts mehr fürs Herz
Diese Erkenntnis traurig ist
Du die Kinderzeit vermisst
wo Weihnachten noch festlich war
Du Dich gefreut darauf das ganze Jahr
Jetzt freust Du Dich nur noch, wenn es vorüber
Nein Danke, „Alle Jahre wieder"!

Hundegeburtstags-Weihnachten
(2014)

Wuff, hier ist wieder eure Sindy. War das heute ein aufregender Tag! Die ganzen letzten Tage waren ja schon irgendwie anders als sonst. Begonnen hat alles damit, dass Frauchen für den letzten Monat des Jahres, den die Menschen Dezember nennen, Adventskalender besorgt hat. Je einen für die Kinder und … einen für MICH! Herrchen hat später am Tag nochmals Adventskalender für die Kinder mitgebracht. Die hatten somit zwei, bei mir blieb es bei einem. Natürlich hatte ich noch keine Ahnung, was es damit auf sich hat. Das erfuhr ich dann am 1. Dezember. So ein Adventskalender hat nämlich viele kleine Türchen, für jeden Tag eines zum Aufmachen. Bei den Kindern ist hinter den Türchen Schokolade. Bei mir, Hmmmmm, Hundeleckerli. Und davon bekomme ich jetzt jeden Morgen einen extra, zusätzlich zu meinem normalen Frühstück. Meistens macht der Jüngste mein Türchen für mich auf und gibt mir mein Leckerli.

Plötzlich, die nächste ungewöhnliche Überraschung. Denn auf einmal steht ein echter, richtiger Tannenbaum im Esszimmer. Dass die Menschen Zimmerpflanzen haben ist ja normal. Kenne ich schon. Aber einen deckenhohen BAUM? Der Baum bleibt da nicht nur einfach so stehen. Der Jüngste schmückt ihn begeistert mit allerlei buntem Glitzerzeug und Herrchen bringt sogar Licht im Baum an. Frauchen kauft dann noch etwas, was sich Lametta nennt. Das sind lange Glitzerfäden, die jetzt auch am Baum hängen. Und die sind echt tückisch. Wann immer ich am Baum vorbei gehe, besonders, wenn ich dabei mit dem Schwanz wedele, dann bleibt das Lametta erst an mir hängen, fällt kurz danach runter auf den Boden. Frauchen und Herrchen nennen mich schon scherzhaft „Lamettakiller". Als ob ICH was dafür könnte, dass die Menschen sich Bäume ins Haus stellen und mit so komischen Sachen behängen. Aber ihnen scheint das zu gefallen und es gehört zu etwas, was bei den Menschen „Tradition" genannt wird und mit einem weiteren Wort zu tun hat, was ich jetzt häufiger höre: „Weihnachten". Was das ist, dieses Weihnachten, das weiß ich nicht. Aber wenn es mit meinen täglichen, morgendlichen Extraleckerlis zu tun hat, dann gefällt es mir.

Dann kommt ein Tag, den die Menschen Heiligabend nennen und der ihnen unheimlich wichtig zu sein scheint. Denn an diesem Tag bleiben alle meine Menschen zu Hause, gehen nicht zur Arbeit. Die Kinder haben ohnehin bereits Ferien, wegen dieses ominösen Weihnachtens. Aber nie hätte ich erwartet, dass dieser Tag, dieser 24.12., mit MIR zu tun hat! Denn es ist mein Geburtstag! Zwar meint Frauchen, dass es sich bei diesem Geburtsdatum, welches in meinen Papieren steht, wohl eher um ein willkürlich festgelegtes Datum handeln wird. Denn schließlich war ich früher ein Straßenstreuner und so genau kann eigentlich keiner wissen, wann ich geboren bin. Aber offiziell steht in meinem Hundeausweis der 24.12. und somit werde ich heute 4 Jahre alt! Kaum zu glauben, aber ich bekomme tatsächlich ein Geburtstagsständchen: „Zum Geburtstag viel Glück. Zum Geburtstag viel Glück. Zum Geburtstag, liebe Sindy, zum Geburtstag viel Glück."

Und das war längst nicht alles! Zusätzlich zum letzten Leckerli aus dem Kalender, der nämlich nur die Tage bis zum 24.12. gezählt hat, gibt es ein richtiges Geschenk für mich. Eine Palette mit ganz vielen, kleinen Aluschälchen, in denen sich eine köstliche Fleischmahlzeit befindet. Eines davon darf ich gleich fressen, obwohl ich bereits mein übliches Frühstück bekommen hab. Normal kriege ich nämlich immer Trockenfutter, weil das besser für die Zähne ist.

Wer aber glaubt, damit wären die besonderen Ereignisse des Tages schon vorüber, der irrt gewaltig. Beizeiten verschwindet Herrchen in der Küche und beginnt zu kochen. Das ist an sich nichts Ungewöhnliches. Denn wenn Herrchen zu Hause ist und Zeit hat, dann kocht meistens er. Frauchen sagt immer, sie hat ja nicht umsonst einen Koch geheiratet, weil sie nicht so gerne kocht. Diesmal riecht es aber besonders lecker und Herrchen bereitet viel mehr Essen zu als sonst. Denn wir bekommen Gäste! Richtig viele Gäste! Kommen die etwa alle meinetwegen? Als erstes kommen Frauchen Vater, Schwester, Schwager und Neffe. Die kenne ich alle schon. Aber es gibt noch andere Mitglieder von Frauchens Rudel, denen ich bislang noch nicht begegnet bin. Zwei weitere Neffen von Frauchen mit ihren Frauen und ... Huch! Wieso wuseln hier auf einmal so viele Kinder rum?

So viel Trubel herrscht bei uns sonst nicht. Denn eigentlich mögen Frauchen und ich es lieber ruhig. Aber an so besonderen Tagen und wenn es alles nette Menschen sind, die Frauchen gern hat und die Frauchen mögen, dann ist es wunderbar aufregend.

So hin und wieder zwischendurch müssen Frauchen und ich auch nach draußen, Gassi gehen. Leider ist es heute gar nicht schön draußen. War es die ganzen, letzten Tage nicht. Meist nieselt es oder regnet richtig stark und ist ziemlich windig. Da haben es die Menschen doch besser. Die müssen nicht extra rausgehen, um ihr Geschäft zu machen. Auch Frauchen und ich halten uns nicht länger als nötig im Freien auf.

Manche Menschen habe ich davon reden hören, dass jetzt eigentlich Schnee da sein müsste. Denn wir haben Winter und Schnee gehört zu dieser Jahreszeit. Ich kenne keinen Schnee. Nur Frauchen sagt immer, sie mag und will keinen Schnee. Denn Schnee ist kalt und glatt und alles wird nass und dreckig, wenn man von draußen kommt. Bestimmt hat sie Recht. Aber neugierig bin ich trotzdem, was es mit diesem Schnee auf sich hat. Vielleicht erfahre ich es ja noch.

Aber erst mal gibt es ESSEN! Zuerst essen die Menschen. Wobei Herrchen mich zwischendurch schon vom Hackbraten hat kosten lassen. Lecker! Sobald die Menschen fertig sind, bekomme ich mein Abendbrot. Nein, kein gewöhnliches Hundefutter. Auch keins von den Aluschälchen. Roulade mit Klößen und Soße. Ein bisschen Rotkohl ist auch mit dabei. So pur fresse ich den sonst nicht. Aber vermischt mit all den anderen Köstlichkeiten schmeckt man ihn kaum raus und mein Napf ist Ratz Fatz leergeschleckt. Hmmmm, Jam, Jam, so ein Geburtstags-Weihnachtsessen, das hat was. Ich könnte glatt noch mehr verputzen. Krieg ich aber nicht. Schade!

Nachdem ich mein Geschenk schon morgens bekommen hab, gibt es jetzt für die Menschen Bescherung. Denn an diesem besonderen Tag ist es eine menschliche Tradition, sich etwas zu schenken. Viel länger als an gewöhnlichen Tagen sitzen meine Menschen alle zusammen, unterhalten sich miteinander, während die Kinder spielen.

Bis sich unsere – MEINE! – Gäste so nach und nach verabschieden und wieder wegfahren. Ruhe kehrt ein und auch meine Menschen begeben sich so langsam zu Bett. Ich bin auch rechtschaffend müde, nach so einem aufregenden Tag mit so leckerem Essen, und kuschele mich auf mein Hundebett.

Aus den Gesprächen der Menschen habe ich aufgeschnappt, dass bald Silvester ist. So wird der letzte Tag im Jahr genannt, an welchem die Menschen ebenfalls feiern. Ich glaube, ich darf mich auf den nächsten, aufregenden Tag mit vielen Gästen und gutem Essen freuen!

Bis dahin, fröhlichen Wau-Nachten von eurer Sindy!

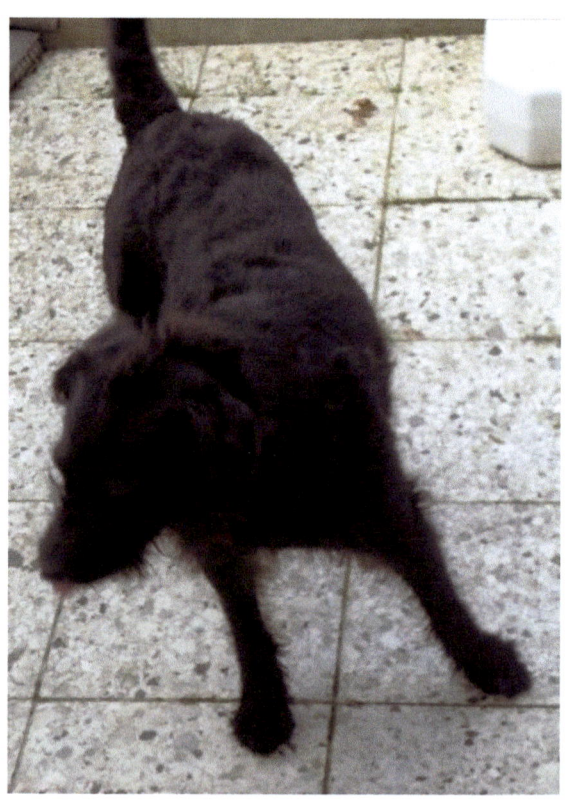

Weihnachts-Tafel
(19.12.14)

Letzte Woche Samstag hatte ich ein Erlebnis, welches so für viele Leute wahrscheinlich Alltag ist, mich jedoch eigentlich und grundsätzlich nicht betrifft.

Eine Freundin von mir fragte mich, ob ich sie nach Lübbecke zur Stadthalle fahren kann. Denn dort erfolgt die Ausgabe der Weihnachtsgeschenkkartons von der Tafel. Normal geht sie zur Tafel in Rahden, aber die Weihnachtsgeschenke gibt es eben in Lübbecke.

Mit den Tafeln habe ich sonst nichts zu schaffen. Ich weiß, dass dort der Wohlstands-Lebensmittelüberschuss an diejenigen verteilt wird, die eben *nicht* in Wohlstand und Überfluss leben. (Vorausgesetzt, man zieht es nicht vor, wie ein gewisser Drogeriemarkt, säckeweise Schokolade wegzuwerfen, bloß weil das MHD überschritten wurde. Aber das ist eine andere, alte Geschichte.)

Klar, auch ich musste die meiste Zeit meines Lebens knapsen und sparen, oft auf den Cent schauen und erst die letzten Jahre haben wir finanziell mehr Luft, wobei die ganz großen Sprünge immer noch nicht drin sind. Aber so schlecht, dass wir auf die Tafel oder ähnliche Einrichtungen angewiesen wären, ging es uns nie.

Feste Termine gibt es dort, zu denen die Bedürftigen erscheinen müssen. Pünktlich sind wir da und sehen vor uns eine lange Warteschlange. Nebenbei sind Tische gedeckt, gibt es kostenlos Kaffee, Waffeln und Kuchen, von ehrenamtlichen Helfern zubereitet und ausgegeben. Ich stehe geduldig mit an, wobei es ein komisches Gefühl ist. Denn *eigentlich* gehöre ich hier gar nicht hin. Weil es mir viel zu gut geht um hier zu sein. Dabei sehen all die Leute, die da in der Schlange stehen, so normal aus. Wie du und ich halt und nicht etwa assig und abgeranzt. Wobei, meine Freundin ist ja auch ein ganz normaler Mensch, lebt in einer normalen, ordentlichen Wohnung und haust nicht etwa, in Lumpen gekleidet, unter der Brücke.

Und, traurige Realität, *sie* kann aus gesundheitlichen Gründen nicht arbeiten. Ihr Lebensgefährte hat zwar Arbeit, aber verdient als Leiharbeiter immer noch wenig genug, um auf Hilfe angewiesen zu sein. Auch seinen Ausweis und die Empfangskarte fürs Paket hat sie dabei. Er muss sich erst mal von seiner Nachtschicht erholen. Darum bin ja ich der Chauffeur.

Ein bisschen kommt mir das alles vor, als wären wir in einer längst vergangenen Zeit, die ich zum Glück nur aus Erzählungen kenne. Im Krieg, wo die Leute mit Lebensmittelmarken anstehen mussten, um gerade so ihren Grundbedarf an Essen decken zu können. In der DDR war es genau so, sagt meine Freundin.

Dafür, dass die Schlange bei unserem Eintreffen so lang war, geht es doch erstaunlich schnell vorwärts. Die Leute dürfen immer nur in kleinen Grüppchen in den Raum, wo die Geschenkpakete stehen. Meine Freundin prophezeit mir, dass ich staunen werde, wenn ich da rein komme. Tu ich auch. Denn auf langen Tischreihen steht da ein wahres Schlaraffenland. Wer macht sich eigentlich die Mühe, all die

Pakete zusammen zu stellen, die Kartons hübsch mit Geschenkpapier zu umkleiden, überhaupt erst mal den Inhalt für all die Pakete zu spenden? Darüber habe ich nie nachgedacht. Warum auch, betrifft mich ja nicht. Wir werden ziemlich schnell, zack, zack, durchgeschleust. Zwei Pakete dürfen wir aussuchen, eins für meine Freundin, eins für ihren Lebensgefährten. In den Nebenraum, wo stapelweise Bücher und Spielzeug auf die Kinder warten, dürfen wir nicht, weil wir keine Kinder dabei haben.

Wieder bin ich erstaunt, dass – wer auch immer diese Pakete zusammen stellt – sich nicht lumpen lässt. Während ich z. B. für mich noch immer nach dem Gut-und-günstig-Prinzip einkaufe und diese Gewohnheit wahrscheinlich selbst dann nicht ändern werde, sollte ich überraschend doch noch zum Millionär werden, sind in diesen beiden Paketen Kaffeepäckchen von Jakobs bzw. Dallmeyer, Schwartau-Marmelade, nur, um ein paar Beispiele zu nennen.

Wir tragen unsere Ausbeute zum Auto, fahren zurück zu ihr nach Hause. Abenteuer überstanden und selbst mir gibt sie noch einen Anteil an der „Beute" ab, fürs Fahren.

Obwohl die Flasche „Hugo" gewohnt lecker schmeckt, ein bitterer Nachgeschmack bleibt, denn *eigentlich* war diese Wohltätigkeit nicht für mich bestimmt.

Weihnachtsbaumabschied
(06.01.14)

Mein schöner, grüner Weihnachtsbaum,
bist immer noch hübsch anzuschau'n
Doch heute ist Dreikönigstag,
wo man den Baum abschmücken mag
Die Kugeln und der andre Schmuck,
die sind schon im Karton zuruck
An dir nur noch die Lichterketten,
deren Schein wir gerne hätten
Die lass ich noch bis morgen an,
mein lieber Baum, dann bist du dran
Sind deine Nadeln auch noch grün und fest,
vorbei ist lang das Weihnachtsfest
Trotzdem hast du noch einen Zweck
Kaninchen nagen Zweige weg
Und was wir sonst nicht länger brauchen,
wird im Ofen dann verrauchen
Hast uns gedient und uns erfreut
Leider brauchen wir dich nicht erneut
Bis zur nächsten Weihnacht hältst du nicht
Dann übernimmt ein anderer deine Pflicht
Weihnachtsbaum, ich danke dir!
Freude gabst du nicht nur mir

Winterwetter
(10.12.12)

Ich schaue aus dem Fenster, draußen alles weiß
Wieder einmal Schneefall, oh Mann, was für ein Scheiß!
Ich kann sie nicht gut leiden, die weiße Winterpracht,
die Kleidung stets durchfeuchtet und Straßen rutschig macht
Ich schau erneut nach draußen, seh Grau in Grau und Regen
Was für ein Schmuddelwetter, doch auch was für ein Segen
Der Regen spült hinfort den Schnee und auch das Eis
Eigentlich war's doch schöner, alles ganz in Weiß
Ja, die weiße Winterpracht, sie ist wohl wunderschön
Alleine nach der Optik kann man bloß nicht gehen
In erster Linie geht es um die Alltagstauglichkeit
Drum kann ich ihn nicht leiden, den Schnee zur Winterzeit

Oh Schnee, du weiße Sch...
(30.01.15)

Nun haben wir ihn also doch, den Wintereinbruch mit Schnee. Und das, wo eine Wetterregel, die ich kürzlich im Radio gehört habe, lautet: Ist bis Dreikönig kein Winter kommt auch keiner dahinter. Stimmt also ganz offensichtlich nicht.

Nein, ich habe den Winter nie besonders gemocht. Ich habe es lieber warm. Nicht so hochsommerlich heiß, dass man es vor Hitze kaum draußen aushält. Aber so, dass ich nur mit T-Shirt und Sandalen nach draußen gehen kann. So, dass ich es gemütlich auf meiner Terrasse aushalte. Jedenfalls nicht so wie jetzt gerade.

Unumwunden muss ich zugeben, dass die verschneite Winterlandschaft wunderschön aussieht. Zusammen mit meiner Sindy, die Schnee jedenfalls liebt, macht es sogar richtig Spaß, im Schnee unterwegs zu sein. Macht der Schnee alle Gerüche viel intensiver? Jedenfalls kriegt mein Hund vor lauter Schnüffeln kaum die Nase aus dem Schnee. Ja, sie pflügt den Schnee regelrecht um und sieht ziemlich schnell zumindest um Schnauze und Pfoten weiß, nicht mehr schwarz aus.

Ich habe jedoch noch nie verstanden und werde es wohl auch nie verstehen, was daran so toll sein soll, sich mit diesem weißen, kalten Zeug gegenseitig zu bewerfen oder gar einzuseifen. Schon als Kind war mir das ein regelrechter Horror.

Wintersport? Neeee, bloß nicht! Auch dieser Gedanke, mich auf Skiern oder dem Snowboard mehr oder weniger steile Hänge hinunter zu stürzen, ist für mich Horror und hätte für die Mitarbeiter der jeweiligen Unfallchirurgie sicherlich Überstunden zur Folge. Auch der zweifellos ruhigere Langlauf scheidet für mich als grundsätzlich eher unsportlichen Menschen aus. Wenn es draußen glatt und rutschig wird, dann fühle ich mich auf meinen Füßen, ohne irgendwas drunter, was mir unkontrolliert abgeht, schon nicht wirklich wohl.

Selbst beim Rodeln, so ich das überhaupt tue, bevorzuge ich nicht allzu hohe, steile Hänge. Bin halt nicht besonders wagemutig. Oder, besser gesagt, mir des Verletzungsrisikos nur *zu* bewusst.

Mein einziger Versuch, Schlittschuh zu laufen, der inzwischen über 30 Jahre zurück liegt, machte zwar schon irgendwie Spaß. Jedoch verbrachte ich die meiste Zeit damit, mehr oder weniger unsanft auf meinem Steißbein zu landet, statt elegant übers Eis zu gleiten.

Bin ich mit dem Auto unterwegs, dann wird es richtig schlimm. Höre ich schon morgens die Verkehrsmeldungen im Autoradio, wo es wieder überall spiegelglatt ist und bereits die ersten Autos im Graben gelandet sind, dann möchte ich den Winter in die Wüste schicken. Heute Morgen erst, der Hinweg zur Arbeit ging ja noch. War sogar richtig schnell, gemessen an den Wetterverhältnissen. Zurück jedoch...

Wenn nicht nur ich sondern auch alle anderen schleichen wie die Schnecken, das will was heißen. Wo ich mich doch sonst über all die Bleifußfahrer, die Rücksichtslos-an-den-unmöglichsten-Stellen-

Überholer und die Sofort-Huper-wenn-man-2-Sekunden-zu-lange-an-der-Kreuzung-steht versuche, *nicht* aufzuregen. Hubraum statt Hirn halt. Und wie mir unlängst ein Patient im Klinikum sagte: „Die haben alle keine Zeit. Aber wenn sie dann hier landen, dann *müssen* sie Zeit haben."

Aber zurück zu meinem Heimweg. Schneller als irgendwas zwischen 20 – 40 Km/h ist nirgendwo drin. Obwohl das Auto beim Abbiegen mitunter leicht schlingert geht alles glatt. (Welch ein Wortspiel ☺) Kurz vor zu Hause ist dann jedoch vorübergehend Endstation. Ich befinde mich bereits in der Ratzenburger Straße, sehe von weitem auch, dass da ein Kleintransporter und ein Bus am Straßenrand mit Warnblinker stehen. Und direkt auf der Straße ein weiterer Bus, der sich anscheinend hoffnungslos festgefahren hat und so schnell wohl auch nicht wegkommen wird. Mehrere Leute bemühen sich um diesen Bus. Dran vorbei ist nicht, also wenden. Bei normalen Straßenverhältnissen kein Problem. Aber jetzt, wo jedes allzu heftige Fahrmanöver unabsehbare Folgen haben kann. Straßengraben, in dem ich bitte *nicht* landen will, gibt es immerhin auch. Ich will versuchen, im großen Bogen über einen fremden Hof, vor dem ich gerade stehe, zu wenden. Ja Pustekuchen! Rein komme ich, wenden klappt auch, aber wieder raus? Denn da geht es leicht aufwärts. Zu viel Gas geben ist nicht drin, weil das Auto dann sofort schlingert und sollte ich die Kurve zurück auf die Straße nicht kriegen ist da, wie gesagt, der Graben. Ein paar Mal versuche ich es erfolglos. Dann beschließe ich, klein beizugeben und rufe meinen Mann an. Leider, obwohl auch sein Fahrstil mir oft zu riskant und draufgängerisch ist, in brenzligen Situationen kommt er besser klar als ich. Nicht zuletzt, weil er berufsbedingt viel mehr mit dem Auto unterwegs ist als ich, in ganz anderen Gegenden und unter ganz anderen Bedingungen, kann er manches halt besser als ich. Weit ist es ja nicht mehr von uns zu Haus aus. Also sagt er, er kommt eben zu mir hin.

Inzwischen haben einige der Männer, die sich um den Bus bemühen, mein Dilemma bemerkt und helfen jetzt mir. Mit ihrer anschiebenden Hilfe komme ich jetzt doch vom Hof weg zurück auf die Straße, ganz ohne dass irgendjemand oder irgendetwas zu Schaden kommt. Dennoch warte ich am Straßenrand parkend auf meinen Mann, der jetzt ohnehin unterwegs ist und bin gar nicht *so* unglücklich, das letzte Stück nach Hause auf anderen Wegen als Beifahrerin unterwegs zu sein.

Später am Tag söhnt mich ein ausgiebiger Spaziergang mit Sindy wieder etwas mit dem ungeliebten Schnee aus. Schön sieht sie aus, die verschneite Landschaft. Trotzdem werde ich froh sein, wenn alles wieder weggetaut ist.

Pinky, die Weihnachtsmaus
(2015)

Pinky wurde die kleine Labormaus genannt und das aus gutem Grund. Pinky war ein Experiment von Studenten der Gentechnik, die einfach mal ausprobieren wollten, was so alles geht. So kam es, dass Pinky zwar grundsätzlich wie jede andere, x-beliebige Maus aussah, bis auf ihr Fell, welches einen kreischpinken Farbton aufwies.

Pinky kannte nichts anderes als ihr Leben im Laborkäfig, hatte noch nie die Sonne gesehen, nur das kalte Licht der Neonröhren. Hatte noch nie frische Luft geatmet, nur das, was die Klimaanlage auspustete. Und doch musste irgendwo in diesem Kunstgeschöpf ein Urinstinkt schlummern, eine Ahnung des Lebens, welches eine Maus eigentlich führen sollte.

Heiligabend, Feiertage! Doch auch Labortiere müssen selbst an Feiertagen versorgt werden, brauchen Futter und Wasser und gereinigte Käfige. So hatten sich einige Studenten freiwillig bereit erklärt, sich an den Feiertagen um die Tiere zu kümmern. Doch nahmen sie es in diesen Tagen nicht allzu gewissenhaft mit der Arbeit. Viel interessanter war der mit Hilfe von Laboralkohol zusammengebraute Punsch, der es hochprozentig in sich hatte, dem die Studenten reichlich zusprachen. Nur so ist es wohl zu erklären, dass das Türchen an Pinkys Käfig nicht richtig verriegelt wurde.

Pinky konnte es zuerst kaum glauben, streckte ihr Näschen vorsichtig schnuppernd durch die Öffnung, die doch sonst immer verschlossen war, die nur geöffnet wurde, wenn einer der Menschen etwas von ihr wollte. Sollte sie es wagen? Der instinktive Freiheitsdrang in ihr brach sich Bahn, machte ihr Mut, ein Pfötchen vor das andere setzend aus dem Käfig zu trippeln. Dank ihrer Kleinheit war es kein Problem, sich durch allerlei schmale Ritzen und Löcher ihren Weg zu suchen, bis sie schließlich außerhalb des Laborgebäudes war, in Freiheit.

Doch ach, diese Freiheit war keineswegs so, wie Pinky sich das gedacht haben mochte. Vor allem war sie laut, riesengroß und da es den ganzen Tag über schon von Sturmböen gepeitschten Schneeregen gegeben hatte, sehr kalt und nass. Erschrocken und völlig überfordert kauerte Pinky sich in einer Mauerecke zusammen, wurde zu einem fast unsichtbaren, pinkfarbenen Häufchen Elend.

Zur gleichen Zeit befand sich Familie Martin auf ihrem traditionellen Heiligabendspaziergang. Mutter, Vater und die zehnjährigen Zwillinge Daniel und Melanie. Dieser Spaziergang gehörte jedes Jahr dazu, egal, wie das Wetter auch sein mochte. Man konnte sich ja entsprechend anziehen. Dabei wurden die lichtergeschmückten Straßen und Häuser bewundert. Auch ein wenig in fremde Fenster gespickt, wo überall schon die Lichter am Weihnachtsbaum brannten. Wieder zu Hause gab es Kaffee und Kakao zu vielfältigen, selbst gebackenen Keksen und Stollen. Danach wurden gemeinsam Weihnachtslieder gesungen und sodann erfolgte die Bescherung.

Kinder nehmen ihre Umwelt ja auf ihre ganz eigene Art und Weise wahr, sehen ganz andere Dinge, die Erwachsenen meist gar nicht auffallen. Mit dem Ausruf: „Nanu, was ist das denn?!", steuerte Daniel auf genau die Mauernische zu, in der Pinky sich schutzsuchend zusammen gekauert hatte und hielt im nächsten Moment das zitternde, kleine Geschöpf sorgsam zwischen seinen Händen. Zu Pinkys Glück gehörten weder Daniels Schwester Melanie noch seine Mutter zu der Sorte Frauen, die beim Anblick von Mäusen und ähnlichem Getier in Panik kreischend die Flucht ergreifen. So sah sie sich von liebevoller Aufmerksamkeit umgeben. Jeder wollte Daniels Fund begutachten, äußerte seine Vermutung dazu, wie es kam, dass eine Maus eine solche Fellfarbe haben konnte. In einem waren sich alle einig, das Mäuschen würden sie auf jeden Fall mit nach Hause nehmen.

Nach dem ersten Schrecken, was nun wieder mit ihr passierte, überkam Pinky ein Gefühl von wohliger Geborgenheit. Noch immer in der Höhlung von Daniels behandschuhten Händen gehalten und getragen, warm, trocken, sicher.

Zu Hause stellte sich die große Frage: Wohin mit Pinky? Denn eine Maus frei im Haus herum laufen zu lassen, das ging der Mutter denn doch zu weit. Der Vater besann sich des alten, lange nicht mehr genutzten Aquariums, welches irgendwo im Keller verstaubte, machte sich sogleich auf die Suche, um es seiner neuen Funktion als Pinkys Behausung zuzuführen. Mit Holzwolle ausgepolstert, mit Tannenzweigen dekoriert, wofür der Adventskranz einige Zweige opfern musste. Ein Schälchen für Wasser und eines, in welches etwas vom Winterfutter fürs Vogelhaus gegeben wurde und Pinky konnte einziehen. Flugs schmuggelte Melani noch einen Spekulatius und ein Würfelchen Käse dazu. So eine Maus braucht schließlich auch ein besonders Festessen. Da niemand sie ausschließen wollte, wurde das Aquarium sogar mit auf die Kaffeetafel gestellt.

Pinky besah und beschnupperte alles gründlich. So ein schönes Zuhause hatte sie noch nie besessen. Und das leckere Futter erst! Die Menschen waren auch ganz anders, trugen keine sterilen, weißen Laborkittel, waren bunt und festlich gekleidet. Nachdem Pinky ausgibig das Aquarium erkundet und sich sattgefuttert hatte, schaute sie sich ihre Umgebung durch die Glasscheiben an. Was für ein warmer, heller Lichterglanz von all den Kerzen! So viel anheimelnder als das kalte Neonlicht.

Pinky schaute und schaute, während die Menschen sich ihr Weihnachtsgebäck schmecken ließen.

Was war das nun wieder? Pinky spitzte die Öhrchen! Zwar hatte in einer Ecke des Labors meist ein Radio vor sich hin gedudelt, aber *solchen* Gesang, so inbrünstig, von Herzen kommend, hatte Pinky noch nie vernommen. Dazu all das Glitzern und Leuchten, die Freude der Menschen über ihre Geschenke, welche sie nun auspackten.

Pinky hatte kein Geschenk zum Auspacken. Aber ihr schönstes Geschenk war ihr ja bereits zuteil geworden. Sie hatte sich von ihrem Leben als Laborexperiment befreit und Aufnahme in eine liebevolle

Familie gefunden, die immer gut für sie sorgen würde.

Viel später, als die Menschen all die schimmernden Lichter löschten, um zu Bett zu gehen, rollte auch Pinky sich in der wärmenden Holzwolle unter dem Tannenzweig zusammen, um vom ersten, glücklichen Tag in ihrem Mäuseleben zu träumen.

Nachwort der Autorin: Eines Nachts trippelte diese pinkfarbene Maus durch meinen Traum. Zuerst wusste ich nicht recht, was ich mit ihr anfangen soll, bis jetzt.

Mein fünfter Hundegeburtstag
Waunachten 2015

Hallo, hier ist wieder eure Sindy! Na, *das* waren wieder aufregende Tage! Wie schon im letzten Jahr habe ich gemerkt, bei meinen Menschen tut sich was. Denn auf einmal steht abermals ein Baum im Haus, den der Jüngste hingebungsvoll schmückt. Ja, da war doch was! Das war doch im letzten Jahr schon genau so. Und dann war die ganz große Feier, mein Geburtstag kombiniert mit einem Fest, welches bei den Menschen Weihnachten heißt. Da ich als Hund keinen Kalender lese, bleibt mir ja nichts anderes übrig, als mich am Verhalten meiner Menschen zu orientieren. Und was den Weihnachtsbaum betrifft, der stand schon letztes Jahr im Zusammenhang mit meinem Geburtstag, der am 24.12. ist.

Bereits am Vorabend bekomme ich einen ganz wortwörtlichen Vorgeschmack auf die festliche Zeit. Denn zum Abendessen gibt es keineswegs gewöhnliches Hundefutter sondern den Napf randvoll mit Spaghetti Bolognese. Mein Geburtstag fängt ebenfalls außergewöhnlich an. Bereits morgens zur ersten Knuddelrunde singt Frauchen für mich „Zum Geburtstag viel Glück" und ich bekomme bereits ein allererstes Hundeleckerli. Noch vor unserer ersten Morgenrunde. Das gibt es sonst nie. Und mein Frühstück ist wieder keineswegs mein übliches Trockenfutter sondern eine Portion von Frauchens leckerem Linseneintopf. Den giere ich schneller weg, als Frauchen gucken kann.

Meine Menschen frühstücken langsam und gemütlich. Danach geht Frauchen mit mir auf Fahrradtour nach Rahden, ihrer dort lebenden Freundin persönliche Weihnachtsgrüße überbringen. Frauchen sagt, ich muss endlich mal wieder richtig laufen, mit auspowern. Denn in den letzten Tagen bin ich diesbezüglich etwas zu kurz gekommen. Frauchen war krank, erkältet, und folglich nicht besonders fit. Zur Arbeit musste sie deshalb nicht, hat zu Hause grad mal das Nötigste geschafft und war danach geschafft. So blieb es an den Kindern hängen, mit mir raus zu gehen. Und die drehen meistens nur die kleinen Runden um den Block, maximal um die große Wiese. Jetzt kann ich wieder richtig rennen, mich zwischendurch in Schmuddelpfützen und Gräben erfrischen.

Frauchens Freundin Annett kenne ich bereits, war schon öfter mit dort und hab auch schon das eine oder andere Leckerhäppchen abgesahnt. Nicht nur, weil ich heute Geburtstag habe, gibt es auch diesmal eine Scheibe Wurst für mich, Kaffee und Kekse für Frauchen. Allzu lange halten wir uns nicht auf, denn heute steht noch mehr auf dem Programm meiner Menschen. Im letzten Jahr kam ganz viel Besuch zu uns zum Feiern. Diesmal fahren wir nach Bückeburg zu Frauchens Schwester Elke. Dort fühle ich mich auch sehr wohl. War ja auch hin und wieder länger dort zu Gast, wenn Frauchen mit ihrer Familie Ausflüge macht, auf denen ich nicht mitkann. Nicht nur Menschen aus Frauchens Familie sind heute dort zum Kaffeetrinken. Ich lerne einen neuen Hundekumpel kenne. Lajos, der einer Freundin von Frauchens Schwester gehört. Lajos ist schon 7 und nicht allzu interessiert daran, mit mir zu toben, als wir so durch den Vorgarten trotten. Aber er ist okay, wir verstehen uns gut. Auch auf dem Spaziergang bei Vollmond, den unsere Frauchen später mit uns machen.

Das Kaffeetrinken der Menschen ist für mich nicht allzu interessant. Aber es ist schön, wenn alle beisammen sind und sich gut verstehen. Schade nur, dass das alte Herrchen zum ersten Mal nicht mit dabei sein kann. Das alte Herrchen, so nenne ich Frauchens Vater, haben wir öfter besucht, in dem Heim, wo er gelebt hat. Wir mochten uns sehr gern und dann ist er gestorben. Ich durfte mit auf den Friedhof, zu seiner Beerdigung. Meine Eltern kenne ich gar nicht. Aber für Menschen haben ihre Eltern eine wichtige Bedeutung.

Immerhin bekomme ich ein paar Krümelchen von der Torte ab, die so ungewöhnlich riecht, dass ich zunächst nur vorsichtig probiere. Aber schmecken tut sie gut.

Später, wieder zu Hause, gibt es Bescherung. Und ich bekomme mein Geschenk als erstes! Einen riiiiiesigen Knochen, sogar ein Edelschinkenknochen, den Frauchen für mich in der Hundefutterabteilung des Supermarktes gekauft hat. Der ist in Folie eingeschweißt und meine Menschen haben mit dieser Folie erst mal zu kämpfen, bis sie meinen Knochen da rausgekriegt haben. Aber dann….

Knochen gibt es für mich nicht allzu oft, denn Frauchen ist da etwas skeptisch. Meine Tierärztin meint nämlich, von Knochen kann ich Verstopfung kriegen und mich schlimmstenfalls innerlich mit Knochensplittern verletzen. So hin und wieder gab es trotzdem Knochen von Spare-Rips für mich. Oder Beinscheibe, die Herrchen immer auskocht, um Geschmack in den Eintopf zu kriegen. Und wenn ich bei meinem Huskyfreund Yukon zum Spielen bin, liegen da mitunter auch Knochenreste auf dem Rasen. Aber es bleibt die Ausnahme.

Umso mehr genieße ich es jetzt, mich mit meinem Geschenk auf mein Hundebett zurückzuziehen und zu knabbern, zu kauen, zu beißen, zu knuspern. Meine ersten drei Lebensjahre auf der Straße hätte ich wohl kaum überlebt, wenn ich im Bezug auf mein Futter wählerisch und empfindlich gewesen wäre. Und, mal ehrlich, wer sagt den Wölfen, den Wildhunden, dass sie die Knochen ihrer Beute besser nicht fressen sollten?

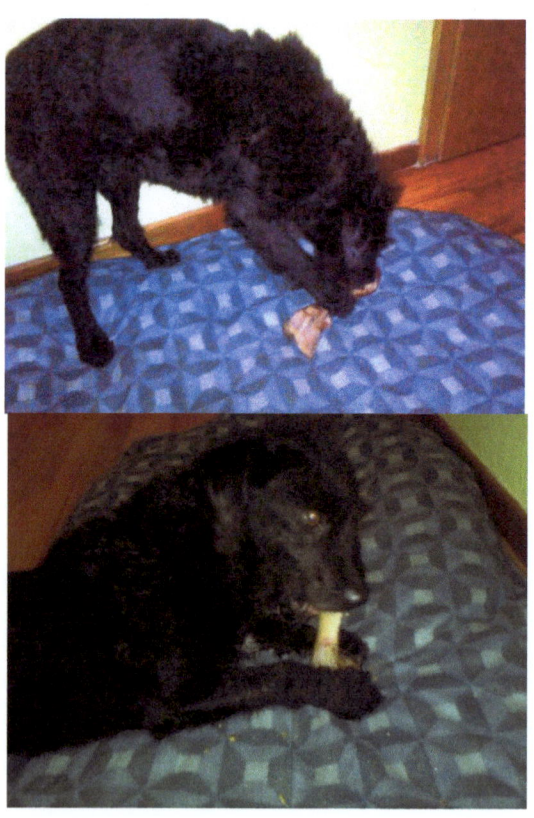

Ich jedenfalls lasse es mir schmecken, während meine Menschen sich jetzt wiederum mit ihren Geschenken befassen. Irgendwann ist mein Knochen fast alle und ich bin restlos geschafft! Fressen kann ganz schön anstrengend sein, wenn man es so mühselig abnagen muss. Und durstig macht es auch. Den spärlichen Rest vom Knochen lasse ich für später liegen, leiste meinen Menschen auf dem Sofa Gesellschaft, bis sie sich ins Bett begeben.

Der nächste Morgen beginnt für mich wieder ungewöhnlich. Da ich ja, wie bereits erwähnt, keinen Kalender lese, mich an den Gewohnheiten meiner Menschen orientieren muss, weiß ich: „Die Woche ist um und es ist Sonntag", wenn es zum Frühstück statt des üblichen Trockenfutters ein kleines Aluschälchen mit Fleisch gibt. Aber jetzt kann doch noch nicht Sonntag sein? Hängt wohl mit den Weihnachtsfeiertagen zusammen, dass mein Speiseplan so anders ist als sonst. Nun *ich* beschwere mich nicht.

Wieder geht es, nachdem meine Menschen ebenfalls gefrühstückt haben, auf Fahrradtour mit Frauchen. Diesmal zu ihrer Freundin Marianne, ebenfalls persönliche Weihnachtsgrüße und ein Geschenk überbringen. Und eine gaaaanz große Runde um Espelkamp rum mit zwei weiteren Zwischenstopps an Briefkästen von Frauchens Bekannten wieder zurück. Immerhin mit ausgiebiger Erfrischung in meinen gewohnten Lieblingspfützen, die auf dieser Strecke zu finden sind.

Das Mittagessen der Menschen, jam, jam. Denn wieder mal fällt für mich ein Knochen ab, obwohl mein Geburtstags-Weihnachtsgeschenk-Knochen
noch gar nicht alle ist. Denn Herrchen hat neben Frikadellen auch Koteletts gemacht, wovon ich einen Knochen mit viel Fleisch dran bekomme.

Später hab ich erst mal Zeit und Ruhe für mich, was mir auch mal ganz gut tut. Denn meine Menschen sind längere Zeit weg, im Kino, wo ich als Hund nicht mit hindarf. Als sie endlich wieder zurück kommen, ist es schon so spät, dass ich mit Frauchen auf unsere letzte Abendrunde gehe und wieder ist ein aufregender Tag zu Ende.

Tags darauf, an dem Tag, der für die Menschen der zweite Weihnachtsfeiertag ist, macht sogar die ganze Familie mit mir einen Spaziergang zum Gabelweiher mit anschließendem Besuch bei einer ehemaligen Nachbarin meiner Menschen. Diese hat auch einen Hund, Maggy, mit dem ich mich, am Anfang unserer Bekanntschaft, *gar nicht* verstanden hab. Da war so eine unterschwellige Abneigung, von der ich auch nicht weiß, woher sie kommt. War halt einfach da. Inzwischen, wohl weil wir uns öfter und immer wieder gesehen haben, kommen wir miteinander aus. Die Katze aber, die dort ebenfalls lebt...

Da müssen meine Menschen mich schon zurückhalten und die Katze tut gut daran, hinterm Sofa versteckt zu bleiben. Nachdem die Menschen auch hier Kaffee getrunken haben, sich unterhalten haben, geht es wieder nach Hause. Jedoch sind wir kaum da, geht es auch gleich wieder los. Mit dem Auto diesmal, nach Minden, wo meine Menschen über den Weihnachtsmarkt bummeln. Für mich als Hund ist das nicht so furchtbar interessant, von den vielen Gerüchen abgesehen. Und von dem Stückchen Bratwurst, das für mich abfällt.

Viel später, nach einer letzten Abendrunde mit Frauchen um die große Wiese, gibt es wieder ein außergewöhnliches Abendessen für mich. Eine Frikadelle! Oh, ich *könnte* mich daran gewöhnen, so verwöhnt zu werden.

Inzwischen haben wir Sonntag, wenn ich dem Aluschälchen mit Fleisch zum Frühstück trauen darf. Uff, so viel wie die letzten Tage bin ich sonst nie am Fahrrad unterwegs. Langsam wird es anstrengend! Denn diesmal ist Herrchen morgens mit mir unterwegs zum Bäcker. Und der hat mehr Tempo drauf als Frauchen! Seitdem habe ich Ruhe, brauche nichts weiter zu tun, als entspannt dazuliegen und euch von meinem Hundegeburtstags-Waunachten zu erzählen.

In diesem Sinne, wuffige Grüße bis zum nächsten Mal von eurer Sindy!

Vampirische Weihnacht

(Dies ist ein Kapitel aus dem von mir geplanten Kinderbuch „Esthers kleiner Vampir". Leider liegt dieses Projekt noch immer auf Eis, weil ich einfach keinen Illustrator finde.)

Nachdem Oma und Dominik sich so hervorragend verstanden, wurde auch der übliche Besuchsrhythmus jede 2. Nacht beibehalten. Schließlich sprach Esther Oma auf die Weihnachtsplanung an. „Weißt du, ich würde Dominik wirklich *zu* gern einladen, Weihnachten mit uns zu feiern. Ich weiß nur nicht, wie."

„Oh, ich glaub, da hab ich eine Idee. Deine Eltern haben mir nämlich mitgeteilt, dass sie am 1. Weihnachtstag zu einem Weihnachts-Gala-Konzert gehen wollen. Sie wissen dich ja bei mir in guter Obhut. Also spricht doch nichts dagegen, dass dein Dominik zusammen mit deinem Andreas am 1. Feiertag zu uns kommt und wir gemeinsam feiern."

Ihrer Oma um den Hals fallend jubelte Esther: „Oma, du bist die Beste!".

Diese verschwörerische Weihnachtsplanung zusammen mit Oma verstärkte noch Esthers Vorfreude. Schließlich war es so weit. Der Baum stand geschmückt im Wohnzimmer, die Päckchen waren schon darunter aufgestapelt. Ihr Geschenk für Dominik hatte Esther jedoch noch in ihrem Schrank versteckt. Er würde ja erst morgen kommen. Heiligabend verlief ebenfalls wie immer. Das Mittagessen – Rotkohl und Braten, womit Esther sich gar nicht anfreunden konnte – später als sonst eingenommen. Am späten Nachmittag ein ausgiebiger Spaziergang, danach ebenso ausgiebiges Kaffee trinken. Schließlich die Kerzen am Baum anzünden, Weihnachtslieder singen und endlich die Bescherung. Ein neuer Anorak und Stiefel für Esther, aber auch einige Bücher. Von Oma bekam sie ein Poesiealbum, worüber sie sich besonders freute. Kurz und gut, ein Heiligabend wie schon viele davor. Die wirklich ersehnte Feier, die würde es morgen geben, am ersten Feiertag.

Ungeduldig beobachtete Esther am folgenden Abend, wie sich ihre Eltern fein machten für ihren Konzertbesuch. Erleichtert sah sie die beiden schließlich ins Taxi steigen und davon fahren. Natürlich war es längst dunkel geworden und – als hätten sie heimlich beobachtet und nur darauf gewartet, dass Esthers Eltern weg waren – kurz darauf klingelte es an der Tür. Oma ging aufmachen und Esther hörte ihre freundliche Begrüßung: „Na, Jungens, da seid ihr ja. Dann kommt mal rein zum gemütlichen Teil des Abends."

Esther war nicht wenig überrascht, dass Andreas und Dominik tatsächlich klingelten statt wie üblich durchs Fenster zu kommen.

„Na, wenn wir schon offiziell eingeladen sind, dann kommen wir auch ganz offiziell durch die Tür", grinste Dominik. „Fröhliche Weihnachten übrigens."

„Ja, fröhliche Weihnachten", schloss sich Andreas an.

Oma bat alle ins Wohnzimmer, wo sie bereits den Kaffeetisch gedeckt und die Kerzen am Baum angezündet hatte. „Schade nur, dass ich dir nichts anbieten kann", sagte sie zu Dominik. „Mit Keksen und Stollen kann ich dir wohl keine Freude machen."

„Iiiieeeeh neee, danke schön", lehnte dieser naserümpfend ab. „Aber nicht so schlimm, ich bin grad gar nicht hungrig."

Esther und Andreas ließen es sich dafür umso mehr schmecken. Nachdem alle wohlig gesättigt waren meinte Oma: „So, und jetzt kommt die 2. Weihnachtsbescherung in diesem Jahr."

Zunächst überreichte Esther ihre Päckchen an Andreas und den kleinen Vampir.

„Oh, *ich* bekomme auch ein Geschenk", freute sich dieser. „Mir hat noch nie jemand was geschenkt." Hastig entfernte er das Geschenkpapier, förderte einen schwarzen Strickpulli zu Tage.

„Ich hoffe, er gefällt dir. So recht wusste ich nicht, was ich dir sonst schenken soll", sagte Esther.

Inzwischen hatte Dominik den Pullover übergezogen: „Passt wie angegossen und sieht toll aus", freute er sich.

Andreas grinste nur: „Na, das will was heißen, wenn Esther *freiwillig* einen Pullover strickt. Wo sie das doch so ungern tut. Und *ich* krieg keinen?"

Unsicher schaute Esther ihn an. War er jetzt etwa gekränkt, weil sie ihn nicht der Mühe wert befunden hatte, ebenfalls für ihn zu stricken. Dafür hatte sie immerhin einen Großteil ihres Taschengeldes geopfert, um ihm eine Musikkassette zu kaufen, von der sie wusste, dass sie ihm gefiel.

Wieder musste Andreas lachen: „Ist doch schon okay, ich steh auch gar nicht auf Strickpullis. Aber die

Kassette ist toll. Danke! Wollen wir sie uns gleich mal anhören?"

„Wir haben natürlich auch was für dich", schaltete sich Dominik ein, kaum dass die Kassette im Recorder lief.

„Ja, klar, hier. Ich hoffe, ich habe deinen Geschmack getroffen." Mit diesen Worten überreichte Andreas sein Päckchen, aus welchem Esther einen Pferderoman zutage förderte.

„Oh, danke, den kenne ich noch gar nicht."

„Und ich hab das hier", sagte Dominik, ein kleines, ziemlich zerknittert aussehendes Päckchen überreichend. Esther wickelte es aus, hielt ein etwas angelaufenes Silberkettchen mit Herzanhänger in der Hand.

„Ist eine Art Familienerbstück und so ziemlich das einzige, was mir von meiner Sippe geblieben ist", erklärte Dominik.

„Und dann schenkst du es mir?", freute sich Esther.

„Klar, was soll ich denn damit? Liegt bei mir nur rum. Wenn du die Kette trägst, dann macht das mehr Sinn. Komm, ich leg sie dir mal um."

Esther bewunderte sich im Spiegel. Verwundert schaute sie sich schließlich zu Dominik um, wieder zurück in den Spiegel, fragte schließlich ganz baff: „Wie kommt das jetzt wieder? Nach allem, was ich bisher gehört hab, dachte ich, Vampire haben kein Spiegelbild. Dich sehe ich aber auch im Spiegel deutlich neben mir stehen."

„Wieder so ein alberner, von Menschen erfundener Mythos. Nenne mir mal *einen* logischen Grund, wieso etwas, was du ganz real sehen kannst, *kein* Spiegelbild haben sollte."

„Und was ist mit Knoblauch und Weihwasser?", mischte sich jetzt Andreas interessiert ein.

„Da ist schon eher was dran. Erzeugt bei vielen von uns das, was ihr Menschen wohl eine allergische Reaktion nennt. Und eine solche kann, im schlimmsten Fall, tatsächlich zum Tod führen."

„Fotografieren kann man dich demnach auch?", fragte Andreas weiter.

„Seit ich zum Vampir wurde hat mich zwar noch niemand fotografiert, aber einmal ist das erst Mal."

„Prima, dann kann ich gleich meine neue Kamera ausprobieren", freute sich Andreas um in den nächsten Minuten eifrig zu knipsen bis der Film voll war.

„Gleich nach Weihnachten bringe ich den Film zum entwickeln. Bin mal mächtig gespannt auf die Bilder. Übrigens, Esther, du hast uns noch gar nicht gezeigt, was du sonst noch zu Weihnachten bekommen hast."

Esther präsentierte den Freunden also ihren neuen Anorak und die Stiefel, die Bücher und zuletzt das Poesiealbum von Oma mit den Worten: „Stellt euch gleich schon mal drauf ein, dass ihr mir auch einen Spruch reinschreibt."

Andreas verdrehte gequält die Augen: „Etwa sowas abgeschmacktes wie: Rosen, Tulpen, Nelken, alle drei verwelken. Marmor, Stein und Eisen bricht, aber unsere Freundschaft nicht?"

„Also, *ich* wüsste da schon einen Spruch", kam es von Dominik.

„Okay, dann hast du die Ehre, dich als Erster eintragen zu dürfen."
Kurz darauf konnte Esther in ihrem Album den Spruch lesen:

Für Esther, den besten und wichtigsten Menschen, den ich je kennen gelernt habe.

Das Alter ist der unwichtigste Faktor, wenn man einen Menschen als Freund gewinnen möchte.
(Frank K. Stöcker)

In liebevoller Verbundenheit, Dein Vampir, Dominik von Idstein.

„Oh, Dominik, das ist so süß", rief sie, ihm um den Hals fallend.

Andreas, der sich den Spruch ebenfalls ansah, brummte nur: „Da komm ich mit meinem Blümchenspruch aber nicht gegen an."

„Ach, komm schon", widersprach Esther, ihm das Album ebenfalls hinhaltend, „trag deinen Spruch ein. Ich freue mich ganz bestimmt darüber."

So trugen sich noch am selben Abend neben dem kleinen Vampir die zwei wichtigsten Menschen in Esthers Leben in ihr Album ein. Mit einem leichten Unbehagen dachte sie jedoch daran, dass ihre Eltern wahrscheinlich beleidigt sein würden, dass nicht *sie* die ersten waren, die sich eintragen durften. Aber diesen unvergleichlich schönen Weihnachtsabend, den würde ihr keiner nehmen können.

Weihnachtsbaum ade
(06.01.11)

Nun ist er da, der Dreikönigstag
wo man den Weihnachtbaum traditionell nicht mehr sehen mag.
Sorgfältig wird abgenommen der Schmuck
kommt in die große Kiste zurück
Und auch unser Alle-Jahre-wieder-Kunststoffbaum
findet im Karton noch seinen Raum.
Der Karton kommt dann in den Keller hinab
wartet dort unten geduldig ab
bis das diesjährige Weihnachtsfest wird kommen
dann wird alles wieder herausgenommen
die Stube erneut festlich geschmückt.
Ein Anblick, der recht wohl entzückt.
Am Samstag kommt dann die Jugendfeuerwehr,
zieht Weihnachtsbäume einsammelnd umher,
damit diese ordentlich werden entsorgt.
Zur nächsten Weihnacht wird dann ein neuer besorgt.
Bis dahin wünsch ich euch viele frohe Tage,
Glück und Erfolg, bloß keine Plage.
Damit ihr, wenn's nächste Weihnachtsfest kommt
sagen könnt: „In diesem Jahr, da hat alles gestimmt!"

Zwischen den Jahren
(29.12.08)

Alle Jahre, immer wieder
kommt die Weihnachtszeit und geht vorüber
So manchen kümmert's einfach nicht
andre stressen sich mit der Geschenkepflicht
Der eine noch an Weihnachtswunder glaubt
dem andren ist das zu verstaubt
Doch ganz egal, wie man es sieht
ob man feiert, in den Urlaub flieht
Nach ein paar Tagen ist's vorbei
mit der Weihnachtsfeierei
Aus den Geschäften verschwinden die Weihnachtssachen,
um Silvesterböllern Platz zu machen
Der Rückblick auf das alte Jahr,
das eigentlich wie immer war
Hoffnung auf das, was das neue Jahr wird bringen
Wird uns dieses endlich mal besser gelingen
Dann ist sie da, die Silvesternacht,
wo man mit Raketen gar mächtig kracht
Den Alkohol man auch ja nicht schone
Der Kater zu Neujahr ist auch nicht ohne
Gute Vorsätze, gefasst und vergessen
Noch immer kneifen Klamotten von zu viel Essen
Am 06. werden verräumt letzte Weihnachtssachen,
um bald dem Osterzeug Platz zu machen

Suukie, das Weihnachtsmotorrad
(2016)

Hi Leute! Für alle, die noch nie von mir gehört haben, ich bin Suukie, die heiße Suzuki GSR 600. Wer mich bereits kennt, dem ist auch die Geschichte bekannt, wie ich als Geburtstagsgeschenk im Mai dieses Jahres zu meiner neuen Besitzerin gekommen bin. Und dann wisst ihr auch bereits, dass ich nicht nur irgendeine seelenlose Maschine bin. Oh nein, ich bin etwas ganz besonderes. Ich bin ein nach vielen Jahren wahr gewordener Traum, kam direkt aus der Traumwelt in die Realität meiner Besitzerin. Inzwischen haben wir gut zueinander gefunden, sind oft zusammen gefahren. Leider ist inzwischen Winter und das Wetter oft nicht motorradtauglich. Somit stehe ich viel zu oft in der Garage, auch wenn ich ganzjährig angemeldet bin. Aber bei Sonnenschein und einigermaßen erträglichen Temperaturen geht es noch immer ab auf die Straße.

Aber jetzt steht ein ganz besonderes Fest bevor, Weihnachten! Und da möchte ich meiner Besitzerin eine außergewöhnliche Freude machen. Wie gesagt, ich komme aus der Traumwelt und habe dort auch noch so meine Beziehungen. Also nehme ich zunächst über meine Träume Kontakt zu Eldaria auf, der schönen Zentauren-Traumwächterin, welche als Tätowierung die linke Schulter meiner Besitzerin ziert. Mit ihrem magischen Speer kann sie die Schleier zwischen der Traumwelt und der Realität durchstoßen.

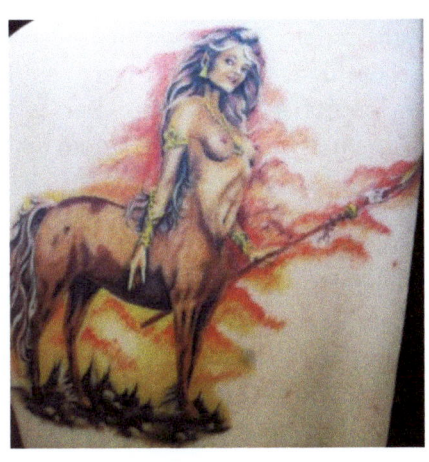

In der Nacht zum Heiligen Abend erklärt sich Eldaria gerne bereit, mich aus meinem eigenen Traum in den meiner Besitzerin zu bringen, sodass wir uns gemeinsam auf eine Tour durch die Traumwelt begeben können. Und nicht nur sie will ich mitnehmen. Auch ihren jüngeren Sohn holen wir gleich mit ab. Denn leider, die Versuche meiner Besitzerin in der Realität, mit ihrem Sohn als Sozius zu fahren, sind nicht wirklich gut gelaufen. Und das, wo sie doch beide so gern mal gemeinsam fahren würden. Jetzt, im Traum, ist das gar kein Problem. Meine Besitzerin, ihr Sohn als Sozius und ich lassen uns von Eldaria durch die Schleier in die Traumwelt führen.

Eine zauberhafte Winterlandschaft öffnet sich vor uns. Soweit das Auge reicht tief verschneiter Winterwald, Berge im Hintergrund und ein märchenhaftes Schloss. Das Zuhause der Traummeisterin, die alle Träume kontrolliert. In der Wirklichkeit werde ich wohl kaum jemals eine verschneite Landschaft zu sehen bekommen. Denn da wäre es bodenloser Leichtsinn, Motorrad zu fahren. Das würde meine Besitzerin niemals riskieren. Im Traum spielt das keine Rolle. Da gibt es kein „unmöglich", kein „zu gefährlich" oder „verboten". Da ist alles möglich und alles erlaubt.

Federleicht schweben wir fast über die Straße, hin zum Schloss, wo uns die Traummeisterin empfängt. An ihrer Seite ihre Gehilfen, die Zwillinge. Der Dunkelzwilling und der Lichtzwilling, auch Yin und Yang genannt. Wahrlich traumhaft schöne Geschöpfe. Und es wäre ja nicht der Traum meiner Besitzerin, wenn sie nicht in Gestalt von Traummännern daher kämen. Yin, der Dunkelzwilling, der Mondzwilling, ist von Kopf bis Fuß in tiefstes Tiefschwarz gekleidet. In seine Zuständigkeit fallen die Träume in der Nacht. Yang, der Lichtzwilling, der Sonnenzwilling, in reinstes, strahlendes Weiß gekleidet, ist für die Tagträume verantwortlich. Der Sohn meiner Besitzerin sitzt stumm vor Staunen über die traumhafte Schönheit seiner Umgebung auf meinem Soziussitz. Aber noch haben wir ja gar nichts gesehen von dieser Welt. Yin und Yang wollen uns auf unserer Tour begleiten. Äußerst passend nennt Yin eine pechschwarze, futuristische Rennmaschine sein Eigen, bei deren Anblick ich fast eifersüchtig werden könnte. Yang macht sich nichts aus Motorrädern. Er bevorzugt ein Pferd aus dem Stall der Traummeisterin. Einen edlen Lipizzanerhengst, der genau so rein weiß und anmutig ist, wie er selbst. Eldaria begleitet uns ebenfalls. Mühelos können sowohl sie als auch Yangs Lipizzaner das Tempo mithalten, das ich zusammen mit Yins schwarzem Feuerstuhl vorgebe. So düsen wir die Weihnachtsbaumallee entlang. Rechts und links der Straße wachsen sämtliche Weihnachtsbäume mit all ihrem prächtigen Schmuck, ihrem warmen Kerzenschimmer, die es je im Leben meiner Besitzerin gegeben hat, von ihrer Kindheit an bis in die Gegenwart.

In atemberaubenden Serpentinen führt uns die Straße direkt auf den Gipfel des höchsten Berges. Dort rasten wir lange, schauen auf all die verschneiten Berge und Täler um uns herum. Da wir uns in einem Traum befinden, ist uns trotz all des Schnees auch nicht kalt.

Plötzlich rauscht es am Himmel, etwas fliegt heran, landet neben uns im Schnee. Estheria, die Drachenlady, hat sich zu uns gesellt. Auch sie ist ein fester Bestandteil der Träume meiner Besitzerin, hat ebenfalls ihren Platz als Tattoo auf ihrem rechten Arm gefunden.

Nanu, was wuselt denn da plötzlich vor meinem Scheinwerfer herum? Die quirlige, kleine Elfe Astalya auf ihrem Grashüpfer Don Ole. Warum wundere ich mich eigentlich noch darüber, wer und was so alles die Träume meiner Besitzerin bevölkert?

So recht möchte letztlich keiner zurückkehren. Doch Eldaria mahnt zum Aufbruch. Denn eine Nacht und somit ein Traum ist leider zeitlich begrenzt. Als krönenden Abschluss lädt uns Estheria allesamt ein, auf ihrem Rücken Platz zu nehmen, fliegt mit uns eine große Runde zurück zum Schloss der Traummeisterin. Wow, das ich als Motorrad eines Tages in die Luft gehe, *das* hätte ich mir nie träumen lassen!

Schon heißt es Abschied nehmen, von der Traummeisterin, den Zwillingen, Estheria und Astalya. Eldaria geleitet uns hin zu den Schleiern, die die Traumwelt von der Realität trennen, hilft uns wieder hindurch, zurück in die Wirklichkeit.

Gähnend recke ich mich auf meinem Montageständer, reibe mir noch ganz verschlafen die Blinker. Auf einmal stehe ich wieder in der Garage, dicht eingequetscht neben dem Auto meiner Besitzerin. Durch das geschlossene Garagentor kann ich es natürlich nicht sehen, aber ich weiß, dass der Morgen des 24. Dezember herauf dämmert. Meine Besitzerin wird sich jetzt sicherlich noch mal im Bett umdrehen, ehe sie in diesen hektisch-schönen Familienfesttag startet und sich verwundert an ihren lebhaften Traum erinnern, in dem sie auf mir zusammen mit ihrem Sohn und etlichen phantastischen Traumgeschöpfen durch eine zauberhafte Welt gefahren ist. Ob ihre Zeit und das Wetter es zulassen werden, dass wir über die Feiertage auch ganz in echt auf Tour gehen?

Aber wenn nicht, dann ist das auch nicht schlimm. Dann kann ich ganz in Ruhe in der Garage meinem wunderschönen Weihnachtstraum nachhängen.

Ride on, eure Suukie

Jahreswechsel, 2005

Schon wieder ist ein Jahr vorbei,
im Grunde ist das einerlei.
Mit viel Tamtam wird's neue Jahr begrüßt.
So mancher guter Vorsatz sprießt.
Lebt manchmal Tage, oft nur Stunden,
dann wird ein Grund zum Aufgeben gefunden.
Was soll im neuen Jahr schon besser werden?
Ist stets der gleiche Scheiß auf Erden.
Was immer man erträumt, erhofft,
ist schnell Silvesterböllern gleich verpufft.
Man strampelt, ackert Jahr für Jahr,
gab's jemals eins, was wirklich besser war?
Es ist egal, ob man feiert oder gleich vergisst,
es war und ist und bleibt der gleiche Mist.
Besauft euch, oder lasst es bleiben!
Was soll ich da noch mehr zu schreiben?

Der Kalender
(07.12.10)

Das alte Jahr, es neigt sich dem Ende.
Wird Zeit, dass man einen neuen Kalender fände.
Ein Taschenkalender im A5-Format,
damit man ne gute Übersicht hat.
Noch ist der Kalender jungfräulich, leer.
Vorn rein schreibt man persönliche Daten, nicht schwer.
Es folgen Termine für Vater, für Mutter, fürs Kind.
So wird der Kalender schon voller geschwind.
Nicht zu vergessen die Urlaubs- und Ferienzeiten.
Darauf muss man sich rechtzeitig vorbereiten.
Geburtstage sind ebenfalls nicht zu vergessen.
Und hinten rein kommen wichtige Adressen.
Sorgfältig trägst du ein deine Arbeitszeiten,
dann kriegst du bei der Lohnabrechnung keine Schwierigkeiten.
Jemand wie ich notiert zwischendurch auch mal ein Gedicht
damit ich es auch ja vergesse nicht.
Und ein Smileygesicht hat zu bedeuten
Ich kriegte ne Nachricht von lieben Leuten.
So manche Notiz, schnell festgehalten
und Telefonnummern, die will man behalten.
Wann war ich wo und was ist geschehen?
Auch das will ich später mitunter nachsehen.
So steht mehr und mehr im Kalender drin,
je länger das Jahr vergeht vor sich hin.
Am Ende ist er ganz vollgeschrieben
mit wichtigen Dingen, die in Erinnerung blieben.

Und wieder wird es zum Jahresende
Zeit, dass man nen neuen Kalender fände.
Auch dieser ist erst noch jungfräulich, leer
und füllt sich beständig mehr und mehr.
Da kannste mal sehen, so voll ist Dein Leben!
Hast Du für mich noch Zeit zu vergeben?

Inhaltsverzeichnis

Weihnachtsgedanken 1983	Seite 7
Das Weihnachtskind	Seite 8
Oh Tannenbaum – etwas anders	Seite 16
Kleiner, großer Bruder	Seite 17
Sven und Christiane	Seite 25
Ein besonderer Weihnachtswunsch	Seite 27
Omas Weihnachtserinnerungen	Seite 32
Nachdenkliche Weihnachtsgeschichte	Seite 42
Ein Weihnachtsmann in Flecktarnzeug	Seite 47
Der verschwundene Ring	Seite 53
Santa Claudias Rache	Seite 56
Das Anti-Winter-Gedicht	Seite 62
Der missverstandene Weihnachtsmann	Seite 64
Der Adpfent – Ein Schulaufsatz	Seite 70
Unsere Winterlandschaft	Seite 73
Traummann to go	Seite 77
Weihnachtsstress	Seite 84
Hundegeburtstags-Weihnachten	Seite 85
Weihnachts-Tafel	Seite 85
Weihnachtsbaumabschied	Seite 94
Winterwetter	Seite 95
Oh Schnee, du weiße Sch…	Seite 96
Pinky, die Weihnachtsmaus	Seite 100
Mein fünfter Hundegeburtstag	Seite 106
Vampirische Weihnacht	Seite 114
Weihnachtsbaum ade	Seite 120
Zwischen den Jahren	Seite 121
Suukie, das Weihnachtsmotorrad	Seite 122
Jahreswechsel, 2005	Seite 129
Der Kalender	Seite 130

Buchempfehlungen der Autorin

Wer die Liebe findet
Romantische Kurzgeschichten über die Liebe und das Leben

Eine Indianerin verliert ihr Herz ausgerechnet an einen feindlichen Yankee-Soldaten.

Elsa, die eine richtige Stadtpflanze ist, verliebt sich ausgerechnet in den Naturburschen Jake und folgt ihm in die Wildnis, mit dramatischen Folgen!

Die Gouvernante Dominique verliebt sich in einen schneidigen Kavalleristen, nicht ahnend, welche Geheimnisse er verbirgt.

Die junge Bikerbraut Suzuki lernt auf Motorradtour durch Süddeutschland einen Bikerkameraden kennen, der nicht nur dem Namen nach gut zu ihr passt...

...und weitere spannende und romantische Geschichten!

- **ISBN-10:** 0615849458
- **ISBN-13:** 978-0615849454

Märchenhafte Phantasien- Phantastische Märchen

Elfen, Hexen, Werwölfe, Vampire, verzauberte Prinzen, Götter, Dämonen und Schutzengel sind noch lange nicht alles. Viele Rätsel und Wunder erwarten einen in dieser fantastischen Welt. Einem Plastikpferdchen wohnen magische Kräfte inne. Träume, die unterm Kirschbaum geträumt werden, gehen in Erfüllung. Und Wölfe können auch liebevolle Beschützer anstatt gnadenlose Raubtiere sein. Lassen Sie sich in den Bann ziehen - von Geschichten, die zu unglaublich sind um wahr zu sein.

- **ISBN-10:** 0615883583
- **ISBN-13:** 978-0615883588

***

Aus meinem Herzen

Ermutigt durch die positive Resonanz meiner kleinen, aber feinen Lesergemeinde habe ich ein zweites Buch mit einer Auswahl meiner Geschichten und Gedichte heraus gebracht. Ich lade meine Leser-/innen zum Abschalten, Träumen und Nachdenken ein. Begleiten Sie eine alte Frau auf ihre letze Wanderung in ihre geliebten Berge. Nehmen Sie zusammen mit Anne wehmütig Abschied von ihrer ersten, großen Liebe. Erleben Sie, wie sich ein vermeintlich nutzloses Geburtstagsgeschenk als echtes Drachenei entpuppt und der schlüpfende Jungdrache das Leben seines

Besitzers gehörig auf den Kopf stellt. Seien Sie dabei, wenn Britta ganz unerwartet doch noch das Glück mit ihrer Jugendliebe Andy findet. Fiebern Sie mit Silke mit, die endlich den Mut findet, aus ihrem von frauenverachtender Gewalt geprägten Elternhaus auszubrechen, lernt, sich zu wehren und damit nicht nur ihr eigenes Leben von Grund auf verändert. Lassen Sie beim Blick von einer Brücke die Gedanken in Fernweh davon fliegen.

Wer bereits mein erstes Buch gelesen hat findet in „Love in the Army, Teil 2" die bereits vertrauten Protagonisten wieder und erfährt mehr über ihr Schicksal.

ISBN 978-3-8370-9781-8

***

Autorenhomepage

www.eldakrieger.de

DAS TOR ZUR PHANTASIE

Im ersten Teil des Buches, "Märchenhafte Geschichten", finden die Leserinnen acht Kurzgeschichten mit märchenhaftem Flair.
Der zweite Teil, "Eigentlich privat", ist ein Liebes-Kurzroman, erzählt aus der Perspektive der Krankenschwester Evelyn, welche sich in den charismatischen, leider verheirateten, neuen Oberarzt verliebt.
Neben Informationen über bereits von Esther Wäcken erschienene Bücher befindet sich am Schluss des Buches das Gedicht "Bücherwelten".